鎌倉幕府の謎

「鎌倉殿の13人」がよくわかる！

陰謀うず巻く政治抗争史

跡部蛮
Atobe Ban

ビジネス社

はじめに

貴族の世から武士の世へ——。

平清盛《たいらのきよもり》政権から源平合戦、鎌倉幕府の誕生とつづく動乱の時代は、日本史上、武士の世を終わらせた幕末に次ぐ変革の時代だ。

その時代の勝者となった源頼朝《みなもとのよりとも》が建久《けんきゅう》一〇年（一一九九）正月一三日、急逝した。すぐさま嫡男の頼家《よりいえ》が「鎌倉殿《かまくらどの》」となって、二月六日に仕事はじめの儀（政所吉書始《まんどころきっしょはじめ》）が催される。ところが三か月余りたった四月一二日、突如として頼家の親裁《しんさい》（みずから裁断を下すこと）が停止され、幕府の重要な役割である訴訟の裁決は、一三人の有力御家人の合議に委ねられた。ここから幕府は、頼朝時代の将軍専制時代から一三人の集団指導体制へ移ったといわれる。二〇二二年大河ドラマ『鎌倉殿の13人』は、この「一三人合議制メンバー」を指す。

主人公は、怜悧《れいり》な頭脳をもち、一三人の中から抜きんでる形で執権《しっけん》となった北条義時《ほうじょうよしとき》（ドラマでは小栗旬が演じる）。彼の父時政《ときまさ》や姉政子《まさこ》の知名度に比べると、やや落ちるかもしれない。成立期の幕府の屋台骨を支え、かつ北条幕府と呼ばれる政権の基礎を築いた人物ながら、歴史史料はあまり多くを語らない。それだけにミステリーの対象としてはかっこうの人物といえよう。

・彼の本当の名は「江間《えま》四郎義時」であって、そもそも北条氏ではなかった？
・彼は「生涯三度ノ難《なん》」に直面しているが、どうやって切り抜けたのか？
・義時が「三代将軍源実朝《さねとも》暗殺事件」の黒幕というのは本当か？　などなど。

また、彼が生きた時代は、源義経《よしつね》ほかの魅力的な人物を数多く生み、鵯越《ひよどりごえ》の逆落《さかお》としや腰越状《こしごえじょう》などの有名な逸話に彩られ、そこにも多くの謎が秘められている。さらには、「初めて幕府を開いたのは清盛だった」「伊豆に流された頼朝が挙兵したのは、ある事件の巻き添えをくらったためだった」「水鳥の羽音に驚いた平維盛《これもり》と戦ったのは頼朝ではなかった」「一谷《いちのたに》の合戦で鵯越したのは義経ではなかった」――などという通説の見直しが最近の学会で進みつつある。

本書で取り扱う時代は、まだまだ謎の解明が十分とはいえない時代。新しい発見に満ちあふれる時代でもある。謎解きを命題とする推理小説を読むような感覚で一読していただければよし、また、大河ドラマ鑑賞の手引き書として読者のお役に立てればよし――そう考えて書き下ろした。「五〇」の謎のうち、興味あるところから一読していただけるよう書いたつもりだ。

いまから八〇〇年前の歴史が残した謎に、皆さん一人一人が挑みつつ、読破していただけるなら、筆者としてそれ以上の幸せはない。

二〇二一年六月吉日

跡部蛮

第一章　源平合戦・鎌倉幕府開創の謎

第二章 北条時政・政子の野望の謎

第二章　北条義時の野望の謎

第四章 幕府の謎の御家人列伝

第五章　陰謀うず巻く鎌倉時代の事件史

第一章

源平合戦・鎌倉幕府開創の謎

謎01 「一次源平合戦」で平清盛に勝利をもたらした「逆転の発想」

「鳥羽院失《う》せ給ひて後、日本国の乱逆と云《い》（う）事は起りて後、むさ（武者）の世になりにける也」

慈円《じえん》がその著『愚管抄《ぐかんしょう》』で嘆いたとおり、鳥羽法皇没後、重しを失った天皇家や朝廷の人々は権力欲にかられ、つい禁断の〝パンドラの箱〟に手をつけてしまう。つまり権力奪取のため、それぞれの陣営が平氏と源氏の武力を頼り、みずからの衰退と「むさの世」の到来を招く——これが保元《ほうげん》・平治《へいじ》の乱だ。しかし、平清盛（一一一八〜一一八一）の台頭をうながした平治の乱の場合、そんな教科書どおりの解説だけでは説明のつかない謎ばかり。まずは、保元の乱後に勝利者側がふたたび権力争いを起こすところから振り返ってみよう。

主役は、わが子二条天皇へ譲位した後白河上皇の近臣・信西《しんぜい》入道（高階通憲《たかしなみちのり》）と藤原信頼《のぶより》。乱後、才能あふれる学者兼能吏《のうり》の信西が権勢をふるい、上皇の寵愛《ちょうあい》を受ける信頼がその排斥を企んだ。信頼は、その武蔵守時代に誼《よし》みを通じた源義朝《よしとも》のほか、一部の公卿《くぎょう》を巻きこみ、平治元年（一一五九）一二月九日深夜、後白河上皇の三条烏丸《さんじょうからすま》御所を夜討ちする。御所につめる信西を討ち取るのが狙いだった。信西はいったん虎口を逃れたものの、自害に追いこまれる。信頼は上皇の身柄を皇居（大内裏《だいだいり》）へ移し、そこを義朝らの兵で固めて二条天皇を幽閉する。こうして天皇と上皇を掌中《しょうちゅう》にした信頼のクーデターは見事、成功をおさめるのである。

一方、清盛は信西と信頼のいずれとも縁戚関係をむすび、その去就が定かでなかったことから、信頼のこのクーデターは、清盛が熊野詣《くまのもうで》にでた留守を狙ってのものだった。清盛は帰洛《きらく》後、いったん信頼に名簿《なつき》（臣従することの証し）を捧げて恭順の意を表する。ここで清盛が信頼や源氏勢と武力衝突していたら、彼らが天皇を擁しているだけに逆賊の汚名を着ることになり、その後の歴史はどう展開したかはわからない。いったん臣従してみせるという逆転の発想がその後の平氏の栄華を築くことになったといえる。

結局、信頼は信西に代わって政権を担えるだけの資質を欠いていた。清盛はそのことを喝破していたのだろう。事実、二条天皇親政派の藤原惟方《これかた》らが信頼に見切りをつけ、清盛は彼らとともに大逆転劇を演じる。幽閉された天皇を内裏から脱出させ、邸《やしき》のある六波羅《ろくはら》へ迎え入れるのだ。有名な「六波羅行幸《ぎょうこう》」である。

『愚管抄』によると二五日の深夜、二条大宮のあたりで火事を起こし、源氏の兵らを牽制したすきに、藤原尹明《ただあき》（惟方の義兄弟）が天皇を女房車に乗せて脱出させたという。『平治物語』の展開は、もっとドラマティック。美男で鳴る一七歳の天皇はこのとき、「かさ（重）ねたる御衣に御かつらめ（召）されけり」。つまり女房の装束に鬘《かつら》までつけ女装していたため、「東人《あずまびと》（源氏の兵）」がどうして見抜けようかと結んでいる。

こうして一夜にして天皇を奪い返し、「官軍」となった清盛は、夜明け後、源氏勢をうまく大内裏から誘いだし、六波羅へ攻め寄せてきた彼らを殲滅《せんめつ》する。信頼は仁和寺で捕縛されたのちに斬首。義朝は東国へ落ち行く途中、尾張国で郎党の舅《しゅうと》（長田忠致《おさだただむね》）に騙し討たれ、長男義平《よしひら》はその後も清盛の命をつけ狙ったが、六条河原で斬首された。また、義朝最愛の子息（三男）である頼朝《よりとも》（当時一三歳）も平氏に捕えられ、伊豆へ流されるのである。以上が「一次源平合戦」といわれる平治の乱の顚末《てんまつ》だ。

ところで、『平治物語』によると、清盛らが信頼のクーデターを知るのは紀州の切目《きりめ》（印南町《いなみ》）まできたとき。熊野詣の途中だから、鎧《よろい》や腹巻さえつけていない。そこへ、「悪源太（義平のこと）」が「阿倍野（大阪市）」で待ち伏せしているという知らせが届き、清盛は、この「無勢」であっさり討たれてしまうのは「無念」だから、いったん「四国」へ渡って再起を図ろうとまでいった。ところが郎党の一人が万が一の場合に備え、長櫃《ながびつ》五〇合の中に鎧《よろい》や武器を隠して持ってこさせていたという。さらに義平が阿倍野で待ち伏せしているという情報はデマだとわかり、逆に熊野や湯浅から味方が馳《は》せ参じ、伊勢の郎党たちまでもが駆けつけたという。

こうして清盛は一七日、京の六波羅へ帰りついたというのだが、話が出来すぎてはいまいか。

一時は四国へ逃れようとしたにもかかわらず、その後事態が続々と好転し、無事に京へ帰りつけたどころか、その後、わずか一〇日間で清盛は大逆転劇を演じる。あまりの手回しのよさに「清盛謀略説」もささやかれている。

つまり清盛は初めから二条天皇親政派と組み、信頼のクーデターを誘引するため、この政局不安定な時期にわざと熊野詣へでかけたという説だ。信頼が源氏を使い、信西を討ち取るのも想定内。信西も信頼もともに後白河上皇の近臣であり、この二人を排斥することは天皇親政派にとってメリットがある。また清盛も、源氏を討ち滅ぼす絶好の機会だった。

それにしても義朝は、なぜ熊野詣帰りの清盛を待ち伏せしなかったのか。嫡男の義平は斬首される直前、阿倍野で清盛らを待ち伏せる案を献策したのだと告白している。噂だけではなく、実際に待ち伏せ

平治の乱の対立図

〈負〉	〈勝〉
藤原信頼→斬首	**藤原（高階）道憲（信西）** →自害
源義朝→謀殺	**平清盛**
源義平→斬首	**平重盛**
頼朝→伊豆流罪	**頼盛**

する計画はあったのだ。ところが「信頼といふ不覚人」(『平治物語』)に命じられて実行できなかったという。つまり信頼が清盛の待ち伏せに反対したというのだ。

理由はふたつ考えられる。第一に、信頼は縁戚関係にある清盛（清盛は娘を信頼の嫡子に嫁がせていた）がクーデターに加担してくれるものと期待していたこと。第二に、源氏方が軍勢を十分に糾合《きゅうごう》できなかったことだ。源氏勢の本拠は東国にある。乱に備えて鎌倉の義平は、母方の祖父にあたる三浦一族らを引き連れて上洛したが、なにぶん遠方でもあり、十分な兵が集まらなかった。実際に『愚管抄』は、清盛が帰洛したのちも「東国の勢などもいまだ着かざり」という情勢を述べ、そのため義朝は平氏を討つことができなかったのだとする。

一方、清盛はそうした源氏勢の弱点を見抜き、熊野詣の最中に信頼が何かしでかすと予期していたのではなかろうか。だからこそ郎党にあらかじめ鎧や武器を入れた長櫃を用意させ、いつでも本拠の伊勢から、軍勢を召集できるように準備していた。つまり、いったん信頼に臣従したようにみせかけて時間を稼ぎ、その間に伊勢から軍勢を召集しつつ、天皇の身柄奪回を図る。細部まで清盛の読みどおりになったとはいえないが、この「一次源平合戦」ともいうべき平治の乱は、したたかさで義朝の上をいった清盛の政治力と戦略眼の勝利といえよう。

『鎌倉殿の13人』の主役である北条義時が産声を上げる四年前の大きな歴史的事件であった。

謎02 清盛が開いた史上初の武家政権「福原幕府」の正体

平治の乱（一一五九年）の勝利によって、その存在感を朝廷や院に示した平清盛は翌年に参議となった。七年後の仁安《にんあん》二年（一一六七）二月一一日、ついに従一位太政大臣《だいじょうだいじん》にまで昇りつめる。

ところが清盛はせっかく人臣の最高位である太政大臣についたものの、わずか三か月後の五月一七日に辞任。あっさりとその職を投げだしている。清盛の前後の例をみても、藤原伊通《これみち》が四年半、藤原忠雅《ただまさ》がほぼ二年、太政大臣の職にあったことを考えると、異例の短さだ。いったいなぜなのか。じつはそこに清盛の意外な素顔と平氏政権の性格を探るヒントが隠されている。

まずは平治の乱後の政治状況を確認しておこう。当時、二条天皇は、院政を敷こうとする実父後白河上皇（のちに出家して法皇）の動きをおさえ、親政をおこなっていた。清盛が天皇派の主要メンバーだったことは「（天皇が）押小路東洞院《おしこうじひがしのとういん》に皇居作りておはしまして、清盛が一家の者さながら、その辺に宿直所《とのい》（警護のための詰め所）ども作りて、朝夕に候《さぶろ》はせけり」（『愚管抄』）とあることから明らかだ。清盛は皇居の近くに詰め所までつくって天皇に奉仕していたというのだ。一方、清盛の妻時子の実家は、時忠をはじめ後白河上皇派に属していた。彼らも同じ平姓だが、清盛とは流れが異なり、武士ではなかった。ただ時子や時忠の妹にあたる滋子《しげこ》（のちの建春門院《けんしゅんもんいん》）は、侍女の日記に「あなうつくし、世には（中略）かかる人のおはしましけるか」と記される美女。やがて上西門院《じょうさいもんいん》（後白河上皇の姉）の御所に出仕していた滋子が上皇の目にとまる。そして応保《おうほう》元年（一一六一）九月、滋子は後白河上皇の皇子（憲仁《のりひと》親王）を出産する。

この皇子誕生に喜んだのが清盛の義弟時忠だった。皇子が天皇の位についたら、藤原氏のように天皇の外戚《がいせき》として栄華を究められるからだ。このため時忠は、事を急《せ》いた。憲仁親王を皇太子、つまり次の天皇とするための裏工作が発覚し、時忠は二条天皇の逆鱗《げきりん》に触れ、翌年配流されてしまう。もちろん清盛は義弟の陰謀には加担しておらず、前述したように清盛は皇居近くに詰め所をもうけ、二条天皇の警備を厳重にした。さらに時忠の陰謀が露見した三年後、清盛は娘の盛子《もりこ》を関白藤原基実《もとざね》に嫁がせ、「天皇・関白」を支える姿勢を明確にする。

通説は、清盛が一族の滋子が生んだ憲仁親王に期待して、天皇派に与《くみ》しつつも上皇派に色目を使っていたとしている。当時の記録（『愚管抄』）もこのときの清盛を「あなたこなたしける」、つまり両天秤《りょうてんびん》にかけたと揶揄《やゆ》している。たしかに、そういう一面はあったかもしれない。しかし清盛は、二条天皇が死去して皇子の六条天皇の時代になっても、天皇派の立場を崩していない。その証拠に、永万《えいまん》元年（一一六五）七月、二条天皇が死去した直後、清盛が武士として初

平清盛周辺系図

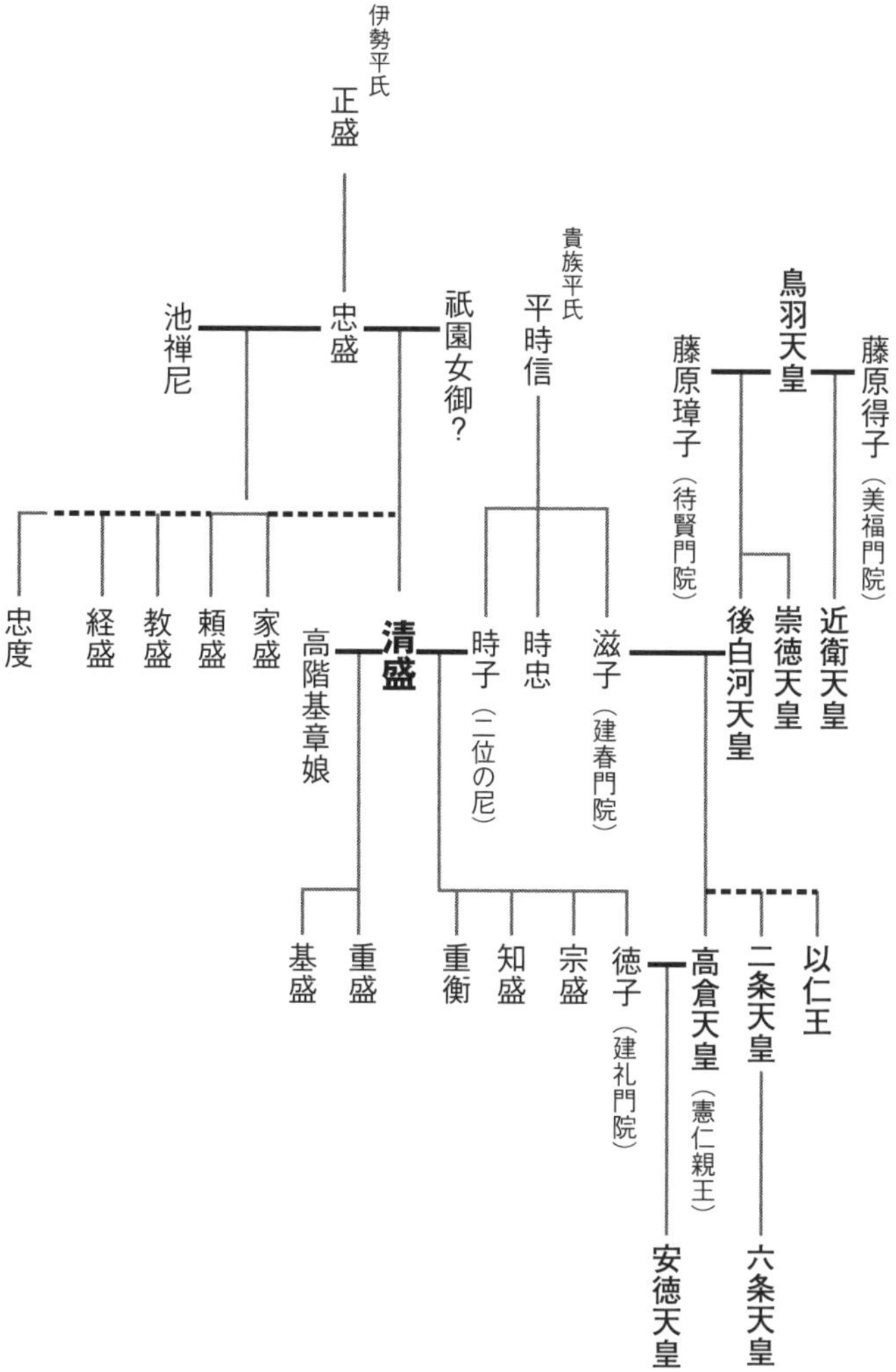
伊勢平氏
正盛
池禅尼
忠盛
祇園女御?
貴族平氏
平時信
鳥羽天皇
藤原璋子
（待賢門院）
藤原得子
（美福門院）
忠度
経盛
教盛
頼盛
家盛
高階基章娘
清盛
時子
（二位の尼）
時忠
滋子
（建春門院）
後白河天皇
崇徳天皇
近衛天皇
基盛
重盛
重衡
知盛
宗盛
徳子
（建礼門院）
高倉天皇
（憲仁親王）
二条天皇
以仁王
安徳天皇
六条天皇

めて大納言へ昇進している。これは、まだ幼い六条天皇を守りたててもらおうとする天皇派が周囲の反対を押しのけて実現させたものだ。

一方、このころ配流先から戻されて復権した時忠は、いまだ外戚となる野望を捨てていない。妹の滋子と「ひとつにとりなして」(『愚管抄』)、憲仁親王を皇太子とするため、ふたたび暗躍をはじめる。彼らの狙いはまず、強大な武力を持つ清盛を上皇派に引き入れることにより、その〝恩賞〟として後白河上皇に憲仁親王の立太子を認めさせること。天皇派が清盛を大納言に任官させたのは、こうした上皇派の動きを読んでいたからだろう。清盛が「あなたこなた」したのもまた、この妻の実家の動きと無関係ではなかろう。そこへ翌仁安元年(一一六六)七月、幼い六条天皇の即位で関白から摂政へ転向していた基実の死が重なる。清盛はその死を聞き、「こはいかに……」とばかり嘆き悲しんだという(『愚管抄』)。天皇派の柱石を失くして落胆した清盛は、もはや天皇を支えていく自信を失い、嫡男の重盛へ家督を譲って、政界からの引退を決意する。

清盛も、一門から天皇候補をだすという意味では時忠らと利害が一致しており、あとはいわば、妻の実家サイドのいいなり。基実が死んで清盛が引退を決意した三か月後、時忠らは念願の憲仁親王(のちの高倉天皇)立太子へとこぎつけるのだ。つまり清盛の太政大臣就任は、引退の花道を飾るために用意されたポスト。形式的な任官となるのだから、短命に終わるのは当然といえよう。

太政大臣についた清盛は、嫡男重盛が諸国山賊海賊追討の宣旨《せんじ》によって武家の棟梁《とうりょう》としての地位を継承した七日後に太政大臣を辞任。翌年出家して福原（神戸市）で隠居生活に入った。

このとき清盛、五一歳。その前半生からは、天皇の忠実な臣であり、妻の実家の動きに振回されて「あなたこなた」する人間像が浮かびあがってくる。

しかし太政大臣を辞任した清盛は「前相国《さきのしょうこく》」（相国は太政大臣の唐名《からめい》）と呼ばれ、朝廷や院に気兼ねなく、政治をおこなうようになる。大輪田《おおわだ》の泊《とまり》（神戸港の一部）を開いて日宋《にっそう》貿易を進めたのもそのひとつだが、ここに清盛は元太政大臣という権威にもとづき、朝廷や院とは別に政治権力をふるうようになったのだ。したがって彼が太政大臣を退いたときをもって、事実上の武士政権の幕が開かれたといえよう。事実、この清盛の政権は「福原幕府」と呼ばれ、京の六波羅にも平氏の邸があったことから「六波羅幕府」とも呼ばれる。

のちに源頼朝がこの政治手法を模倣《もほう》する。彼は建久元年（一一九〇）一一月七日に鎌倉から上洛し、同月二四日に右近衛大将《うこんえのたいしょう》に任じられながら一二月四日にはその職を辞している。頼朝もまた、右近衛大将という権威だけが望みであって、「前右大将」として京から遠くはなれた鎌倉で政治をおこなったのだ。さらに後年、織田信長もこの手法を用いた。彼も右大臣に就任するものの、やがて辞任して「前右大臣」として全国統一へまい進した。武家政権の祖型は清盛によって開かれたといっていいだろう。

平氏政権は一門や家人らを国々の「知行国主《ちぎょうこくしゅ》」や「守《かみ》」、「国守護人《くにしゅごにん》」、あるいは「目代《もくだい》」に任じ、現地支配にあたらせた。しかし、安元《あんげん》三年（一一七七）六月には京の東山・鹿ケ谷《ししがたに》の山荘で後白河法皇を中心に平氏打倒の密議（鹿ケ谷の陰謀）がこらされたというのが通説だ。法皇の近臣（藤原成親《なりちか》や西光《さいこう》）が斬刑や配流に処されたのは事実だ。だが当時、西光が荘園の帰趨《すう》をめぐって比叡山延暦寺《えんりゃくじ》と争い、後白河法皇が西光を支持していた。そこで延暦寺との衝突を回避したいと考えた清盛がなかば陰謀をデッチ上げ、すべての元凶である西光一派を葬《ほうむ》り去ろうとしたのが事件の真相だったという（上杉和彦著『源平の争乱』）。

こうして法皇の近臣が清盛によって粛清《しゅくせい》された後も後白河法皇は「治天の君」（実権を握っている上皇や法皇）として院庁で政務をみており、清盛の福原幕府との二重政治がつづいていた。それを解消したのが「治承《じしょう》三年（一一七九）のクーデター」だ。その年の一一月、打倒平氏の噂を聞いた清盛は兵を率いて福原から上洛し、関白を罷免《ひめん》したのみならず、後白河法皇に近い公卿約四〇名の官職を一斉に剝奪《はくだつ》した。さらに清盛は法皇自身を京南郊の鳥羽殿に幽閉して院政を停止《ちょうじ》した（院政停止は源頼朝挙兵後までつづく）。臣下の者が「治天の君」を幽閉するというのは前代未聞のこと。平氏の専横ここに極まれり……とよくいわれるが、これこそ清盛の政権が武家政権である証左といえる。

武家政権の基本は封建制。その封建制は「御恩」と「奉公」による双務《そうむ》契約にもとづいている（今谷明著『封建制の文明史観』）。封建制を双務契約とみなすと、この事件はまったく違った様相を呈してくる。封建制にもとづく主従関係というのはそもそも、「従」の側が「御恩」をもたらさない「主」に対して実力行使に訴えることができる制度でもある。いわば「下剋上《げこくじょう》」を内包化した制度といえる。

そういう視点で「治承三年のクーデター」の原因について書いた『愚管抄』にいまいちど目を通してみると、後白河法皇が清盛に事前に何の相談もないまま、一年前に他界した清盛の嫡男重盛の知行国を召し上げた。さらにそれまで摂関家領を管理していた白河殿（清盛の娘盛子＝前関白基実の妻）も亡くなったことをいいことに、その管理権を取りあげたという。重盛と盛子が相次いで他界したタイミングで実行されたことに清盛は「愚僧（清盛のこと）は捨て置かれたような存在だ」（『玉葉《ぎょくよう》』）と嘆いている。つまり清盛にとって、この不意打ちというべき措置は明らかに双務契約違反。後白河法皇を頼むに足らない主とみて、下剋上に踏み切ったのだろう。

少し後年のことになるが、清盛が死去する直前の治承五年（一一八一）の年明け早々、重盛の死によって清盛の嫡男の地位にあった宗盛（三男）が畿内および周辺の九か国の「惣官職《そうかんしき》」に補任《ぶにん》された。相次ぐ源氏勢の蜂起《ほうき》に危機感を強めた清盛が畿内を中心に戒厳令を敷き、その長官に宗盛を任じたのだ。翌月には丹波国の全荘園を対象にした総下司職《そうげすしき》も宗盛に与えられた。結局、この総下司職は丹波一国にとどまったが、平氏政権が倒れなければ、畿内および周辺の九か国すべてが対象になったであろう。

つまり、九か国すべてを面として支配するやり方である。宗盛には九か国の追捕権《ついぶ》（いわば守護の権利）のほか、国衙領《こくが》（地方の政庁）と私領（荘園）の別を問わず、兵粮米《ひょうろうまい》や軍勢を徴収する権限を与えられたとみていい。これまで平氏は一門や家人の知行国、すなわち国衙領からの徴収や徴募《ちょうぼ》を主としてきたが、荘園から米や兵を集めることも可能になったのだ。

これは諸国の荘園などの在地管理者を地頭《じとう》に任じ、彼らを御家人化して武士を統率した鎌倉幕府に先鞭《せんべん》をつける方策として注目されている。事実、清盛は一部の家人を地頭に任じている。しかし、宗盛に惣官職が与えられた直後に清盛が病死し、四年後には平氏が滅び、清盛が開いた武家政権は頼朝によって確立されるのである。

謎03 この男がいなければ歴史は変わらなかった？「源頼政」という男の謎

『吾妻鏡《あずまかがみ》』は「治承《じしょう》四年庚子《かのえね》」の年の次の一文、

「四月小　九日　辛卯《かのとう》　入道源三位頼政卿《げんざんみよりまさきょう》、平相国禅門清盛を討滅すべき由……」

ではじまっている。

治承四年（一一八〇）の源頼政挙兵という歴史的事件を伝える一文だ。『吾妻鏡』はそのあと、頼政が子息の仲綱《なかつな》らをともない、ひそかに以仁王《もちひとおう》（高倉宮）の三条高倉御所を訪ね、挙兵を進言することになっている。その後、以仁王は八条院蔵人《くろうど》の源行家《ゆきいえ》に令旨《りょうじ》をもたせ、各地に潜伏する源氏へ決起をうながす。頼政自身の挙兵は失敗するものの、以仁王の令旨を受けた伊豆の源頼朝《よりとも》がその年の八月に挙兵し、治承寿永《じしょうじゅえい》の内乱（源平合戦）の幕が開く。

こうみると頼政という男の重要性がわかる。この男がいなければ、内乱が勃発しなかったともいえよう。頼政が歴史を動かす重要な駒の役目を果たしたのはたしかだが、その事実関係は大きく見直されている。まず頼政という武将は何者なのか。

源頼光《よりみつ》を祖とする摂津源氏で、頼朝と同じく清和源氏（清和天皇を祖とする賜姓《しせい》皇族）の家系。

源頼政のぬえ退治

頼政は、ぬえ退治の故事でもよく知られる。

保元の乱では後白河天皇方、平治の乱では平清盛方といずれも勝ち組《くみ》に与し、従三位に叙せられ、よって源三位と呼ばれた。清盛に信任されていたことは、頼朝が配所暮らしをする伊豆国を知行国として与えられ、子息の仲綱が伊豆守に任じられていることからもうかがえる。清盛に信任され、いわば平氏政権の重要なメンバーであった。よって彼が反旗をひるがえす確実な動機が見当たらない。じつは以仁王こそが事件の主役で、頼政は事件に巻きこまれた悲劇の人、すなわち脇役といえる。それでは次に、事件の主役、以仁王についてみてみよう。

以仁王は後白河法皇の第三皇子（第二皇子という説もある）。延暦寺で僧となったが、その後還俗《げんぞく》した人物だ。有力な皇位継承権者でありながらも、甥《おい》の安徳天皇（高倉天皇の第一皇子）が清盛に支持されて即位したことにより、「兄・高倉上皇─甥・安徳天皇」ラインへと皇統が引き継がれ、完全に干される形になった。しかも、以仁王が比叡山延暦寺と帰属をめぐって争ってきた所領が清盛の横やりによって返還せざるをえなくなった。こうした経歴からみても、以仁王が平氏に恨みを抱くのも無理はない。しっかりした動機があったのである。

一方、王は鳥羽法皇の皇女である八条院暲子《しょうし》内親王の猶子《ゆうし》となり、八条院の女房であった妻の三位局《さんみのつぼね》との間の娘である三条院姫宮が八条院の養女という関係。以仁王はその八条院の御所と三条高倉の御所を行き来している。八条院は各地で荘園を経営し、大勢の武士らを家人として抱えていた。ちなみに、諸国の源氏へ以仁王の令旨を下す役目を担った源行家は頼朝の父義朝の弟で、平治の乱に敗れたものの、姉の鳥居禅尼《とりいぜんに》の縁で熊野の新宮に匿われ（鳥居禅尼の嫁ぎ先が熊野別当家）、そののち八条院の蔵人となった。もともと鳥羽法皇に仕えていた頼政もむろん八条院と関係があり、この八条院ネットワークが事件の背景にあったのはたしかだ。以仁王にまったく支持者がいないわけではなかったのだ。

一方、皇位継承権があって、かつ八条院という支持基盤をもつ以仁王に対して、「高倉―安徳」の皇統を維持しようとする清盛が警戒し、以仁王に謀叛《むほん》という無実の罪をきせた疑いは否定できないが（河内祥輔著「鎌倉幕府と天皇」『天皇と中世の武家』所収）、王にも平氏を討とうとする動機は十分にあったのである。

清盛は以仁王の陰謀を聞きつけ、その年の五月一〇日、軍勢を率いて遷都先の福原から京へ入った。同一五日、清盛は頼政の養子になっていた検非違使《けびいし》の源兼綱《かねつな》らを以仁王の三条高倉の御所へつかわし、追捕しようとしたが、すでに以仁王は脱出したあとであった。なぜ情報がもれたのか。じつは頼政が以仁王に使者を送り、追捕使派遣の情報を伝え、王に賢慮《けんりょ》を求めたという（永井晋著『源頼政と木曽義仲』）。まさか頼政も以仁王が逃亡を図ると思わなかったのか。

考えられることはただひとつ。以仁王を説得して清盛に詫びさせ、両者の間のわだかまりを除こうとしただけなのではなかろうか。清盛としても「高倉―安徳」という皇統の維持を図るためには八条院の協力が必要だし、これを機に反平氏の牙城《がじょう》になる危険をはらんだ八条院のネットワークを政権内に取りこむチャンスと考えたかもしれない。しかし、以仁王は逃亡という予想外の行動にでてしまった。とくに頼政にとっては大きな誤算であった。このことが明るみにでたら、陰謀の共犯関係にあったとみられてしまうからだ。

以仁王は園城寺《おんじょうじ》（大津市）へ逃げ、密告のことなど露知らぬ清盛は頼政を追捕使の一人に任じた。ちなみにいうと、この時点でもそれだけ頼政は清盛の信任厚かったことになる。しかし、五月二二日の未明、前述した理由からか頼政も邸を焼き、以仁王のこもる園城寺へ入った。ついに清盛が園城寺攻撃の姿勢をみせると、以仁王と頼政は新たに蜂起した興福寺を頼みとして、五月二五日の夜、南都（奈良）を目指した。しかし、宇治平等院近くの宇治橋で平氏の軍勢に追いつかれて頼政は敗死（宇治の橋合戦）。以仁王はなおも南へ進んだが、途中、流れ矢にあたって非業の死を遂げる。

こうして源平合戦の前哨《ぜんしょう》戦が終わるのだが、じつはこの事件、ただ単に前哨戦というだけでは終わらない影響を残したのである。

謎04

「奥州へ逃げよ！」——源頼朝「挙兵」の本当の理由

『吾妻鏡』は以仁王の令旨《りょうじ》の話を伝えた後、四月二七日に伊豆の北条館《やかた》（伊豆の国市）にいた源頼朝（一一四七～一一九九）のもとへ、その令旨が届くという話の展開となる。

頼朝は父義朝とともに平治の乱で平清盛に敗れ、伊豆で配流生活を送っていた。通説はその舅《しゅうと》で伊豆国の在庁官人《ざいちょうかんじん》（現地に在住する地方官）である北条時政もまた平氏の横暴に苦しめられていたとする。そこへ平氏追討の令旨が舞いこんできたわけだ。こうして頼朝は、かねて平氏への不満を抱いていた伊豆・相模の在地武士とともに挙兵を決意する——以上が巷間《こうかん》伝わる頼朝挙兵の背景だ。

その後の状況を追うと、頼朝はまず八月六日に卜占《ぼくぜい》などで一七日未明の挙兵を決定したものの、決行はその日の夜にずれこんだ。その日は三島大社の祭礼にあたっており、時間をずらしたことが結果的に幸いする。邸の警備がそれだけ手薄になるからだ。こうして頼朝勢は、平氏の目代《もくだい》である山木兼隆と後見人である堤信遠の館を襲った。

挙兵といっても、北条時政・義時父子や土肥実平《どいさねひら》、佐々木定綱《さだつな》・経高《つねたか》兄弟ら総勢八〇騎ほど

源頼朝

と考えられる。このとき佐々木経高の放った矢が「源家が平氏を征する最前の一箭《いっせん》」（『吾妻鏡』）となり、源平合戦の幕開けを告げた。

ところが、以上の話にはいくつか疑問がある。まず以仁王の令旨が頼朝の元へ届けられて挙兵までほぼ三か月半の空白期間があること。流人の頼朝が挙兵するにはそれくらいの準備が必要だという声もあるだろう。だが、頼朝が相模と伊豆の武士らに軍勢の催促を行うようになるのは八月から。やはり、三か月の空白が生じる。平氏への謀叛が露見した以仁王は五月一五日の深夜、三条高倉の御所を抜け、園城寺へと逃亡するが、彼が諸国の源氏へ令旨を発するのは、その園城寺へ逃れた以降とする説もある（永井晋著『源頼政と木曽義仲』）。ところが、『吾妻鏡』はその二週間以上も前に、伊豆の頼朝のもとへ令旨が届いたと説明している。そうすると矛盾はますます深まる。

この矛盾について「鎌倉幕府の影響下にある『吾妻鏡』は、以仁王からの令旨を最初に受け取ったことにしたいので、令旨の日付や受け取った時期を四月へさかのぼらせた可能性がある」（前同）という。鎌倉幕府の公式歴史書という『吾妻鏡』の性格を考えると、ありえる話だ。

しかし、それで謎が解けたわけではない。以仁王の令旨発布が園城寺へ逃亡した以降と考えてもまだ、挙兵の準備をするまで二か月半の空白期間があるからだ。

宇治で源頼政は敗死し、その後、以仁王も非業の死を遂げるが、清盛は警戒を解かなかった。清盛が警戒したのは伊豆だった。ただし頼朝ではない。宇治で頼政と嫡男の仲綱が討ち死にした当時、仲綱の子の有綱《ありつな》（※）が目代《もくだい》として伊豆に在国していた。そもそも伊豆は、頼政が知行国主、仲綱が国守に任じられており、その地盤ともいえる土地。つまり、清盛は頼政の残党の動きを警戒していたのである。

九条兼実の日記『玉葉《ぎょくよう》』には「（清盛が）仲綱の息（子息）追討のために武士等をつかわす」とあり、相模国の在地武士大庭景親《おおばかげちか》（兄の景義はのちに頼朝の挙兵に応じ、幕府の古老として頼朝の信任厚くなる）が清盛から有綱追討の任を与えられた。その知らせが六月一九日になって頼朝のもとへ届いたと考えられる。というのも『吾妻鏡』によると、頼朝の乳母《めのと》の妹を母にもつ三善康信《みよしやすのぶ》（のちの一三人合議制メンバー）の使者が伊豆へ下向して頼朝と対面。彼は、以仁王と頼政が敗死した事実を伝え、「君（頼朝）は源氏の正統（嫡流）である。ここは危険であるから奥州へ逃げたほうがよい」という康信の言葉を伝えたのである。

頼朝が四月二七日に以仁王の令旨を受け取ったという話が『吾妻鏡』の捏造《ねつぞう》なら、このときに令旨が届いていたかどうかは微妙。むろん、いつかは届くとしても頼朝挙兵の動機は、この有綱追討にあったといえよう。

つまり、これまでのノーマークだった頼朝も清盛の視界に入り、有綱ともども追討されかねない状況となり、それならいっそのこと……。なかばやけっぱちに考えて頼朝が挙兵の準備をはじめたのではなかろうか。

六月二七日には京で大番役についていた三浦義澄《よしずみ》（三浦義明の次男でのちの一三人合議制メンバー）と千葉胤頼《たねより》（千葉常胤の六男）が関東下向の途次、伊豆に立ち寄って頼朝と密談している。三浦・千葉両一族がのちに頼朝の挙兵を支えることを考えると、彼らとの密談を機に、追いこまれた頼朝が準備をはじめたとしたら、挙兵まで一か月半。それくらいの準備は必要だから、空白の謎は消える。

窮鼠《きゅうそ》猫を嚙《か》む——それこそが頼朝挙兵の真相ではなかったろうか。

※**源有綱**＝源頼政の孫。祖父と父の敗死後、源頼朝に属した。頼朝の弟源義経の女婿となり、文治元年（一一八五）、義経の都落ちに同道するが、大物浜（尼崎市）で難破。翌年、大和の山中で自殺した。

謎05 敵は頼朝にあらず──富士川の合戦で清盛が相手にした「本当の敵」と「画期的な戦術」

源頼朝は治承四年（一一八〇）八月一七日の挙兵二日後、舅北条時政のライバルでもある伊豆の在庁官人の一人で、平氏政権の地方官僚・中原知親《ともちか》の知行を否定する下文《くだしぶみ》を発給した。これは、頼朝が平氏方の役人の所領を召し上げたことを意味し、平氏政権そのものを否定する行為だった。いわば追いつめられて挙兵した頼朝だが、この時点では明確に平氏打倒の志を宣言したといえる。しかし、頼朝はそのために手痛いしっぺ返しをくらう。

父祖代々の源氏の拠点である鎌倉入りを急ごうとした頼朝は三〇〇騎を率い、八月二三日に相模国へ進出したものの、石橋山の合戦（小田原市）で大敗する。平氏方は相模の大庭景親を中心に武蔵国の熊谷直実《くまがいなおざね》らも加わり、総勢三〇〇〇余騎に及んだ。頼朝が頼りにした三浦一族が大雨による川の氾濫《はんらん》で合戦に間に合わなかった不運もあるが、多勢に無勢が最大の敗因だった。頼朝は箱根権現へ身を隠し、八月二八日、真鶴岬《まなづるみさき》で土肥実平の船で洋上へと逃れた。頼朝一行は洋上で三浦一族と合流し、安房に上陸した。かねてより、ともに挙兵の準備を進めていた千葉一族ら房総半島の武士を糾合しようとしたのである。思惑どおり、上総広常《かずさひろつね》と千葉常胤《つねたね》らに支持され、房総半島を制圧した頼朝の軍勢は三万余騎（『吾妻鏡』）にふくらんだ。こうして一〇月二日には、下総の国府（市川市）から西へ進んで大井・隅田川を渡り、武蔵入りする。

その日、頼朝の乳母（※）であった小山朝政《こやまともまさ》の母（寒河尼《さむかわに》）がまだ一四歳の末子（のちの結城《ゆうき》朝光《ともみつ》）を連れ、墨田宿（台東区橋場付近）にある頼朝の陣営を訪れた。北関東の雄である小山氏が頼朝に属すると宣言したことになる。その二日には武蔵の足立遠元《あだちとおもと》（一三人合議制メンバー）や豊島清光《としまきよみつ》、葛西清重《かさいきよしげ》も墨田宿へ参陣した。四日には、江戸重長《えどしげなが》や川越重頼《かわごえしげより》、畠山重忠《はたけやましげただ》という武蔵の名だたる武士たちも頼朝の陣営に加わってきた。

八月一七日に伊豆の在庁官人である北条時政らわずか八〇騎ほどの兵で伊豆の目代邸を襲った頼朝の軍勢が一か月半でここまでふくれあがったのは、逃亡中の頼朝を上総広常と千葉常胤が匿ったことによって、関東の武士らは潮目が変わったと踏んだからであろう。広常と常胤が蟠踞《ばんきょ》する両総地方はかつて平将門《まさかど》や平氏一門の本拠だった土地。関東では早くから開墾が進められ、いわば関東武士を育てあげた揺籃《ようらん》の地だ。平将門は下総から関東八か国を従え、一時、新皇《しんのう》と称した。

一〇月六日に頼朝は相模国へ、次いで七日には鎌倉入りしたが、その一か月以上前の九月三日の九条兼実の日記『玉葉』に、頼朝の挙兵を知った兼実がはやくも「謀叛の賊（源）義朝の子（頼朝）、凶事を事とし、伊豆・駿河を横領。あたかも将門のごとし」と書いている。頼朝の挙兵が承平天慶《じょうへいてんぎょう》の乱（九三五〜九四一）の再来と映り、不安に感じている心情がよくわかる。逆に関東で将門というと、初めて武士をたばねた大ボスであった。

ただし、兼実はひとつだけ勘違いしている。頼朝が伊豆を横領としたというのはまだしも、駿河まで横領したというのは誤り。なぜ彼が誤解したのかは後述するとして話をつづけよう。兼実が「あたかも将門のごとし」と書いた九月初めは、頼朝が房総半島へ逃亡し、巻き返しを図ろうとしていたころ。このときすぐさま頼朝追討の軍を差し向けていたら、歴史は変わっただろう。しかし、福原の平氏政権の反応は鈍かった。相模国で平氏方の武士を束ねる大庭景親から石橋山の合戦で頼朝勢を蹴散《けち》らしたという知らせが九月六日に届き、油断していたのだ。

結果、頼朝追討の軍勢が福原を発ったのは九月二二日。頼朝が武士揺籃の地である房総半島をほぼ制圧したあとであった。しかも、追討軍の総大将平維盛《これもり》（清盛の嫡孫）が駿河に入った一〇月半ばには駿河の平氏方（駿河の目代ら）は、ほぼ全滅していたのである。

一方、追討軍が駿河に入ったという知らせが鎌倉に届くと、頼朝は一〇月一六日に鎌倉を発ち、追討軍へ合流しようとする大庭景親の軍勢を追い払い、黄瀬川《きせがわ》（静岡県清水町）に着陣する。ここで奥州から兄の元へ駆けつけた源義経（一一五九〜一一八九）が涙の対面を遂げたと語り伝えられている。こうして一〇月二〇日に富士川をはさみ、源平両軍が初めて本格的に衝突した。富士川の合戦である。

このとき富士川の沼島に群れる水鳥が何かに驚いて一斉に飛び立つと、その羽音を聞いた追討軍（平氏）の兵らは源氏の急襲だと勘違いし、大あわてで退却したという。その混乱ぶりは「弓取る者は矢を知らず、矢取る者は弓を知らず。人の馬にはわれ乗り、わが馬をば人に乗らる」（『平家物語』）というほど。しかも追討軍の兵らが近くの宿々から呼んでいた遊女らは逃げ去る兵に踏みつけにされ、「頭蹴割《かしらけわ》られ、腰踏み折られて、おめき叫ぶ者おほかりけり」（『同』）という惨状を呈した。源平合戦の初戦において、平氏がこうまで不様な敗走をさらけだした結果、平氏打倒の動きが一気に加速する——というのが、これまでの一般的解釈だった。

しかし、筆者の解釈とは異なる。あらためて経緯を振り返ってみよう。

『平家物語』によると、都を出るとき三万余騎だった追討軍は、行軍中に土地の武士を合流させ、七万余騎にふくらんだ。一方、頼朝は黄瀬川を越え、浮島ヶ原（富士川と黄瀬川の間の丘陵地帯）で勢揃い。その数、二〇万騎と号した。いよいよ源平両軍は富士川をはさんで対峙《たいじ》する。明日、源平両軍が矢合わせすると定めた夜のこと。平氏の兵らが逃げ支度をはじめた百姓の灯《とも》す炊事の火を、源氏勢の篝火《かがりび》と見誤ったことが大失態の幕開けとなった。そのおびただしい篝火の数に恐れをなした平氏の軍勢は夜半ごろ、例の水鳥が一斉に飛び立つ羽音を耳にする。そこで追討軍の兵らは、源氏勢が搦手《からめて》にまわったものと勘違いし、美濃国墨俣《すのまた》（岐阜県大垣市）まで引いて防ごうと、大あわてで退却していったという。

『吾妻鏡』にも同じような記述がある。ただし、そこには甲斐《かい》源氏の武田信義《たけだのぶよし》（かの戦国武将・信玄の祖先）が「兵略をめぐらし、くだんの陣（追討軍の陣のこと）後面をひそかに襲う」と書かれている。ここでは実際に源氏方の迂回《うかい》急襲策がおこなわれ、それによって水鳥が驚き、飛び立ったことになっている。追討軍の兵の士気が低く、水鳥に驚いたのは事実だが、これだと『平家物語』の内容とニュアンスがちがってくる。『吾妻鏡』も追討軍の兵たちが「軍勢の粧《よそお》い」のような水鳥の羽音に驚き騒ぐ状況を記しているものの、それはあくまで実際に源氏の兵が平氏方の背後にまわり、急襲していたから。そうして追討軍の総大将維盛が兵を撤退させた。だとすると、水鳥の羽音で源氏方の急襲の事実に気づいた追討軍が態勢を立て直すため、いったん兵を退いたという事実がみえてくる。

それではなぜ、平氏勢は態勢を立て直す必要があったのか。

その理由は、前出したように頼朝軍が相模の大庭勢を追い散らしていたからだ。この時代の軍勢召集は現地調達が原則。都を発《た》った維盛の追討軍は、その行軍とともに各地方に割拠する武士団を糾合し、源氏を追討する予定だった。だが予想以上に兵の集まりが悪かった。大庭勢と合流できないとなると、軍勢の数に不安が残る。

一方、『吾妻鏡』には『平家物語』と同じく「二十万騎」という源氏方の兵力が誇らしげに書かれている。むろん、『吾妻鏡』は鎌倉幕府の公式歴史書だから、誇張はあったはず。ただ、仮に半数の十万余騎だとしても、頼朝の鎌倉勢だけでそれだけの数が揃えられるだろうか。実際のところ、源氏の主力は、頼朝がじかに率いる鎌倉勢ではない。甲斐源氏の武田信義を中心にした軍勢だったのである。

さきほど「平維盛が駿河に入った一〇月半ばには駿河の平氏方はほぼ全滅していた」と書いた。そのあと、頼朝が鎌倉を一〇月一六日に発ったとした。すると「まだ頼朝が鎌倉にいるのに、誰が駿河の平氏方を全滅させたのか」と疑問に思った読者もいるだろう。じつは駿河の平氏方を全滅させたのは、甲斐源氏の軍勢だったのである。そこでもうひとつの謎も解ける。九条兼実は、どうして伊豆のみならず、頼朝が駿河を横領したと誤解したのかという謎だ。つまり兼実は、別々にカウントすべき頼朝と甲斐源氏の動きをごちゃ混ぜにしてしまったのだ。

こうなると富士川の合戦の本質がみえてくる。追討軍が富士川で戦おうとしていた相手は、追討軍を急襲した甲斐源氏であって、頼朝は甲斐源氏と合流して後詰しようとしていたにすぎなかったのだと。そして、頼朝と甲斐源氏との連携を策したのが北条時政であった（詳細は96ページ）。

それでは最後に、美濃の墨俣まで兵を撤退させた追討軍のその後の動きをみてみよう。維盛は軍勢を立て直すどころか、追討軍から投降者が相次ぎ、もともと「四千騎」いた「官軍」（追討軍のこと）は、半数以下に激減したという（『玉葉』）。蝦夷《えみし》との戦いを除き、官軍が敗れるのは初めてのことだろう。このため瀬田（滋賀県大津市）まで戻ってきた孫（維盛）の大失態に、清盛が激怒した（『同』）。

それもそのはず。維盛らがもう少し耐え忍んでいたなら、挽回のチャンスは十分にあったからだ。平清盛はこのとき、軍勢を大増派する秘策をめぐらせていたのである。

中山忠親《ただちか》の日記『山槐記《さんかいき》』によると、頼盛《よりもり》・教盛《のりもり》らの弟たちを源氏追討のために下向させることに加えて「鎮西武士、船よりつかわすべき」という画期的な作戦を練っていたことがわかる。前述したとおり、この時代の軍勢召集方法は、陸路の行軍にあわせて現地の武士団を糾合するのが常識。ところが、清盛が立てた策はその常識を打ち破り、九州の武士団を兵船数艘《すうそう》に分乗させ、兵粮《ひょうろう》とともに一挙に東国まで大量輸送する作戦だったのだ。この作戦は、維盛の大失態によって頓挫《とんざ》するが、もしも実行されていたら、後世の歴史家から画期的な作戦として評価されていたであろう。

※頼朝の乳母＝頼朝には、寒河尼と比企局《ひきのつぼね》、三善康信《みよしやすのぶ》の母の姉と、計三人の乳母がいた。

謎06

清盛が恐れた「もう一人の源義経」の謎

富士川の合戦に大敗した清盛を恐れさせたのが源義経——こう書いたら、疑問に思う読者は多いだろう。その少し前に義経は奥州から兄源頼朝のもとへ馳《は》せ参じたばかりだからだ（黄瀬川の会見）。のちに一谷（神戸市）・屋島（香川県高松市）と平氏を追いつめ、ついに壇浦《だんのうら》（山口県下関市）で平氏を滅亡に追いこむが、それはまだずっと先の話。まだまだ治承四年（一一八〇）一一月の時点で義経は無名の存在だった。

しかし、この年の一一月、清盛が恐れた義経がいたのは事実だ。名を山本兵衛尉《ひょうえのじょう》義経という。姓は「源」。よって源義経である。しかも兵衛尉を名乗っている。あの義経ものちに兵衛尉に任官され、尉が判官《ほうがん》といわれることから九郎という名とあわせて「九郎判官」と呼ばれるが、この義経も「判官」である。清和源氏の源義光《よしみつ》を祖とする近江源氏で、義光の四代の裔《すえ》にあたり、琵琶湖東岸に面した山本山城（滋賀県長浜市）の城主である。

さて、この源兵衛尉義経が歴史に初めて登場するのは安元《あんげん》二年（一一七六）。比叡山延暦寺の僧兵を殺害したとして訴えられ、佐渡《さど》へ配流されている。次に史料で確認できるのは、頼朝が挙兵した治承四年になってからだ。

挙兵した源頼政軍が敗れ、以仁王の企ては失敗に終わるが、その最大の原因は、延暦寺・園城寺・興福寺という大寺院との連携がとれていなかったからだ。当時、大寺院は衆徒・堂衆と呼ばれる僧兵を養っていた。義経（以下、山本義経のこと）は、それら大寺院を「打倒平氏」でまとめあげることに成功する。

まず、治承四年一一月二〇日、近江源氏の一族である柏木甲賀入道成覚《かしわぎこうがにゅうどうじょうかく》という武士とともに挙兵した。義経らが手はじめに伊勢へ向かう平宗盛（清盛の三男）の家人《けにん》一族を討ち取って気勢をあげると、近江国内の武士や僧兵らの結束はますます固まった。

とくに近江は諸国から京へ年貢を運ぶ道筋にあたっている。なかでも瀬田（滋賀県大津市）は、琵琶湖から流れでて難波《なにわ》の海へ注ぐ淀川の注ぎ口にあたり、そこに瀬田橋が架かっている。しかも、琵琶湖のある近江の武士らは水軍をもっている。よって義経らは琵琶湖中の船という船を瀬田に集め、いかだなどで浮橋をかけ、都への運上物などの荷駄を監視。こうして輸送路を遮断《しゃだん》したのである。史料には「往来不通」とあって、都は一時騒然となる。

その後、義経ら近江勢の「反平氏」の動きはいよいよ活発化する。九条兼実の日記『玉葉』は、義経を「近江国逆賊の張本」としているほどだ。延暦寺の「凶悪の堂衆三四百人（三〇〇、四〇〇）ばかり」が義経の軍勢とともに園城寺を要害となし、平氏の政庁のある六波羅へ夜討ちをかけたと記している。近江勢が園城寺に入ったのは、そこも北陸方面への道を扼《やく》する地の利があったからだろう。ともかく、義経が犬猿の仲である延暦寺と園城寺をいわば〝同盟〟させ、平氏の政庁へ攻撃を仕掛けて、清盛の肝を寒からしめたのだ。

事態を重くみた清盛は四男の知盛へ、近江の賊徒追討を命じた。知盛が「官兵」を率いて出陣したのが一二月二日。近江勢は瀬田と園城寺という地の利をえて官軍の進軍を拒んでいたが、官軍は東西から攻め寄せる作戦をとり、二日から四日にかけて近江勢は敗れ、官軍に寝返る者が続出した。一三日には義経らの拠点のひとつであった馬淵城（近江八幡市）も落城。二〇〇余人が斬首された。それでも義経はあきらめず、山本山城に籠城《ろうじょう》するが、防ぎきれないと判断し、源頼朝の御家人である土肥実平の手引きで鎌倉へ落ち延びた。しかし、義経の戦いはここで終わらない。

頼朝より一足早く、従兄弟の木曽義仲《きそよしなか》が平氏を追って都入りする動きをみせると、義仲軍に身を投じた。義仲の都入りの際、義経の子息義広が比叡山へ難を逃れていた後白河法皇下山の先駆をつとめている。しかし、寿永三年（一一八四）以降の義経の消息は不明となる。ただし、後白河法皇と不和となっていた義仲がその年の正月、後の九郎判官源義経に宇治川の合戦で敗れると、子息の義広は逐電《ちくでん》するから、義経も宇治川の合戦で討ち死にした可能性がある。だとしたら、義経は平氏滅亡のヒーローとなる九郎判官に敗れたことになる。〝二人の義経〟の皮肉な運命のめぐり合わせを感ぜずにはいられない。

　さて、話は少し飛びすぎた。義経（山本）が近江で暴れだしたころ、京の周辺が騒々しくなったため、清盛は一一月二六日、安徳天皇を連れ、福原から京へもどった。義経の動きが清盛に平安京還都《かんと》をうながしたことになる。

　この義経の蜂起はもうひとつ、南都焼き討ちという歴史的事件をもたらした。以仁王の挙兵失敗で一時おとなしくなっていた園城寺と興福寺が義経の蜂起でふたたび活気づいた。清盛はまず義経の動きを押さえた後、園城寺を従わせた。

　次いで清盛は妹尾兼康《せおかねやす》を大和国の検非違使《けびいし》（治安を担う）に任じるが、興福寺が兼康の手下ら六〇余人の首を斬り、猿沢の池のほとりに首を晒《さら》す暴挙へ出たために激怒し、治承四年（一一八〇）一二月二五日、五男の重衡《しげひら》を大将に興福寺を攻めさせた。空気が乾燥している冬のことで、その日はとくに北風が強かった。平氏の軍勢が掲げた松明《たいまつ》から興福寺の堂塔に炎が燃え移り、東大寺の大仏殿まで焼いた。清盛の悪逆のひとつに数えられる南都焼き討ちである。年が明けてすぐ清盛は跡取りの宗盛を「畿内惣官職」に任じ、ある意味、畿内を戒厳令下《かいげんれい》に置いて軍事支配を強めるが、閏《うるう》二月四日、熱病に侵されて病死する。南都焼き討ちの祟《たた》りであるといわれた。

謎07

『三国志』さながら……と公卿が恐れた「大内乱時代」

九条兼実の日記『玉葉』に「天下の体、三国志のごとし」と記されている。『三国志』は、魏《ぎ》・呉《ご》・蜀《しょく》の三国が中国で鼎立《ていりつ》した時代、劉備《りゅうび》や諸葛孔明《しょかつこうめい》、孫権《そんけん》、曹操《そうそう》ら英雄の活躍を描いている。その三国鼎立時代と同じく、日本でも三つの勢力がにらみ合う「大内乱時代」がおとずれたというのである。

治承五年（一一八一）閏二月四日に平清盛が死去してから、兼実が三国時代の到来を告げるまでの三つの勢力の動きをみてみよう。

まずは源頼朝の鎌倉勢から。頼朝は富士川の合戦に勝利し、追討軍を追って、いったん上洛《じょうらく》を図ろうとした。しかし、上総広常・千葉常胤・三浦義澄らの反対にあい、断念して鎌倉へもどった。関東の武士たちは平氏に代わる新たな関東の秩序として頼朝に期待したのであって、まずは自分たちの所領の確保が何よりも優先されたからである。この時点では頼朝も彼らの要求に従わざるをえなかった。その代わり、頼朝らは関東で鎌倉に従わない勢力との戦いに時を費やす。たとえば上野国《こうずけのくに》で自立の意思をみせ、寺尾城（群馬県高崎市もしくは太田市）に拠《よ》った新田義重（清和源氏庶流）や常陸《ひたち》の佐竹一族（新田氏と同じく清和源氏庶流）らだ。とくに佐竹氏は千葉氏と相馬御厨《そうまみくりや》（茨城県取手市から千葉県我孫子市・柏市などにかけてのエリア）の領有をめぐって争っていた。頼朝はよりいっそう配下の武士の信頼をえるためにも、佐竹一族を屈服させる必要があったのである。

この鎌倉勢に対して平氏方は清盛という主柱を失って没落していったといわれるが、一気に都落ちの道へひた走ったわけではない。あらたな平氏の総帥となった宗盛は頼朝からの和平の話を突っぱね、父清盛の意思を継ぎ、鎌倉勢との対決姿勢を明確にした。治承五年三月一〇日の夜には、美濃国墨俣で源氏勢を大敗させた。ただし、鎌倉勢が敗れたわけではない。頼朝の叔父源行家率いる源氏勢と衝突したのだ。

平氏は清盛が亡くなる少し前から美濃を制圧し、そこから東へ、鎌倉勢への圧力を加えていこうとした。墨俣は重要な拠点であり、富士川の合戦に敗れた平維盛がそこで軍勢を立て直そうとしたのもそのためだ。墨俣は左右に揖斐《いび》川と木曽川を配し、物資の拠点であるとともに東西両勢力の境界線という位置付けであった。平氏方は兵や兵粮をその墨俣へ集めていた。

行家がその平氏の拠点へ、夜陰に乗じて急襲しようとしたが、平重衡率いる平氏軍に蹴散らされた。こうして平氏が巻き返すかにみえたが、やはり官軍として富士川の合戦に敗れたことによって平氏の権威が衰退し、九州・四国と相次いで火の手があがった。翌養和二年（一一八二）

源義仲

は日本全土を飢饉《ききん》が襲い（養和の大飢饉）、戦いどころではなくなって源平両勢力とも暗黙のうちに休戦の状態となったものの、その間に北陸道を進んだ木曽（源）義仲《よしなか》が都へ迫る。寿永二年（一一八三）七月二五日、平氏は安徳天皇と三種の神器を奉じ、都落ちした。その都落ちの際に後白河法皇をともなうつもりだったが、法皇はその意図を察し、二四日の夜半、ひそかに院の御所（法住寺殿《ほうじゅうじでん》）を抜け、比叡山へ逃れた。こうして平氏が法皇の同道に失敗したことにより、のちに追討の院宣が出され、賊軍になってしまう。

七月二七日には後白河法皇が比叡山から院の御所へもどり、翌日、義仲が入京した。ここで鎌倉勢、平氏方に次ぐ第三勢力である木曽勢の挙兵後の動きをおさえておこう。

義仲（一一五四～一一八四）は義朝（頼朝の父）の弟義賢《よしかた》の次男。しかし、その義賢は頼朝の兄義平に殺害された。義仲は近臣に連れられ、木曽谷へ逃れた。一方、彼の兄仲家《なかいえ》（源頼政の挙兵に加わる）は、都で以仁王とゆかりの深い八条院領（鳥羽法皇の第三皇女が継承した荘園）の蔵人《くろうど》として仕えていた。その関係だと考えられるが、義仲は以仁王の令旨をうけ、従兄弟の頼朝に少し遅れ、信州の佐久《さく》で挙兵する。義仲はいったん上野国へ出たが、そこは関東。頼朝の勢力圏と重なるため、軋轢《あつれき》をさけ、北信濃へ進出する。こうして治承五年（一一八一）六月、信州の横田河原（長野市）で平氏から追討の命を受けた秋田の城《じょう》一族の軍勢をやぶった。富士川の合戦での源氏方の主力は甲斐源氏だったが、この横田河原の合戦でも甲斐源氏が義仲と連携して追討軍を蹴散らした事実がうかがえる。

こうして北陸の武士たちが相次いで反乱に立ちあがり、寿永二年五月、義仲は越中から加賀へ抜ける倶利伽羅《くりから》峠で平氏の追討軍に圧勝する。義仲は、平維盛を大将とする追討軍を峠の隘《あい》路《ろ》へ釘付けにし、夜を待って襲撃した。追討軍の兵は峠の断崖から転げ落ち、大敗北を喫するのだ。このとき「火牛《かぎゅう》の計」といって、義仲が牛の角に松明をつけて敵中へ放ったという伝承があるものの、事実ではないだろう。

ただ、義仲の木曽勢はこの余勢を駆って、北陸の武士を吸収しながら都へ迫るのである。

木曽勢は七月二六日、平氏が都落ちして軍事空白になった京へ入った。

しかし、法皇は近臣の中原康定《やすさだ》を鎌倉へ送り、実際に平氏を都から追い落とした義仲より頼朝の勲功を上にあげた。このようにのっけから後白河法皇と義仲の関係はうまくいかなかった。義仲は頼朝の従兄弟だが、その素性をさげすむ気持ちが法皇の心の中に潜んでいたからだろう。

八月には、平氏とともに都落ちした安徳天皇に代わる天皇を定める議定《ぎじょう》が行われ、義仲はみずから擁する北陸宮（※1）を推したが、意に反して後鳥羽天皇（安徳天皇の弟）が即位する。このの ち法皇と義仲の関係（※2）はより険悪になっていくが、法皇としても義仲の武力に頼るしかない。そのころ平氏は西海へ逃れて再起を期しており、義仲は平氏追討の院宣をたまわり、西海へ出陣した。ここで平氏が敗れていたなら、兼実がいうような「三国志のごとき天下」にはなっていなかった。

中国の史書いわく、呉《ご》と蜀《しょく》が連合して赤壁《せきへき》の戦い（※3）で魏《ぎ》に大勝して三国鼎立《ていりつ》がなったごとく、平氏にとって赤壁の戦いに準じる戦いがまもなく幕を開けようとしていた。

※1 北陸宮＝以仁王の第一皇子。以仁王が平氏追討の戦いに敗れ討ち死にすると剃髪《ていはつ》して北陸へ逃れ、木曽義仲に保護されて還俗する。

※2 法皇と義仲の仲（法住寺合戦《ほうじゅうじ》）＝鎌倉勢が京へ迫る中、義仲が後白河法皇の御所である法住寺殿を攻めた。

※3 赤壁の戦い＝後漢末の二〇八年、華北をほぼ平定した魏の曹操《そうそう》は南下しようとして呉の孫権《そんけん》、蜀の劉備《りゅうび》との連合軍と揚子江《ようすこう》の赤壁（湖北省）で対峙したが、その際、呉の将軍周瑜《しゅうゆ》の部将黄蓋《こうがい》が火攻めの計で魏の水軍を全滅させた。

謎08

平氏がリベンジした水島の合戦で勝敗をわけたのは「日蝕」？

寿永二年（一一八三）七月二五日、都落ちした平氏一門の官職は剝奪《はくだつ》されたが、その後も三種の神器をいただき、返還を迫る後白河法皇側の要求をつっぱねつづけた。また、西国を中心とする平氏の所領も没収されたが、あくまで「没収する」と宣言されただけで、実質的には平氏一門が支配をつづけていた。そこで平氏は西海を進み、九州の太宰府《だざいふ》に入った。しかし、平氏の息がかかっていた九州も安泰とはいえなくなり、反平氏の武士らに追われる形で一門は、都落ちしたときとは逆に東へ、讃岐《さぬき》の屋島（高松市）まで逃れることになった。まるで行き場をなくして流浪しているようにみえるが、平氏軍は阿波《あわ》の在地武士らの助けを借りて屋島で地歩を固め、内裏《だいり》をもうけて安徳天皇の行在所《あんざいしょ》とした。屋島はその名のとおり、屋根の形をした溶岩台地。いまでは陸つづきの半島として扱われているが、当時は瀬戸内海に浮かぶ小島だった。

そのころ後白河法皇は義仲へ「平氏追討」の院宣を与え、義仲は西へ向かっていたが、すでに二人の関係は険悪化していた。後白河には義仲を都から追いだす意味が、また義仲には平氏没官領《もっかん》を実質支配する狙いがあったとされる。

まず平氏追討のために備前に入った義仲軍の前に立ちはだかったのが、かつて平氏の家人だった妹尾兼康という武将。彼は北陸道・倶利伽羅《くりから》峠の合戦でいったん義仲軍の捕虜になったものの、備前へ逃亡し、知行国主である源行家の代官を殺害して気勢をあげていた。義仲はまず兼康を血祭りにあげ、平氏の拠点の一つになっていた水島（倉敷市）へ進軍した。一方、その義仲勢を迎え討とうとする平氏軍は、屋島に内裏を築いて拠点化を図ろうとしていた。それまで義仲軍に連戦連敗だったものの、この水島の合戦で大勝する。『平家物語』が「会稽《かいけい》の恥（※）を雪《そそ》いだ」という戦いだ。

両軍が激突するのは閏一〇月一日のこと。この日、金環日蝕《きんかんにっしょく》が起き、そのことが源平両軍の勝敗を分けたといわれる。本当だろうか。

『源平盛衰記』は、合戦の状況をこう伝えている。

夜明けとともに源氏の兵が軍船へ乗りこみ、とも綱を解いて海へ乗りだすと、平氏軍も待ってましたとばかり、軍船に乗り、大声をあげて戦った――。

兵と軍船の数は史料によって若干異なるものの、源氏方が矢田判官代義清《やたほうがんだいよしきよ》を大将に軍船およそ一〇〇余艘に五〇〇〇余の兵。かたや平氏方は、平知盛《とももり》（清盛の四男）・教盛（清盛の弟）率いる二〇〇艙の船に七〇〇〇余の兵。まず平氏方は、源氏方の二倍の兵力を擁《よう》していたのである。水島もいまでは陸地化して当時の面影は残されていないが、源氏方は乙島、平氏方は柏島に陣取り、両島の間の狭い海峡で海戦がおこなわれたとみられる。

それでは『源平盛衰記』が記す日蝕の状況をみてみよう。

「かかるほどに、天にわかに曇りて、日の光も見えず、闇の夜の如くになりたれば、源氏の軍兵ども日蝕とは知らず、いとど東西を失って船を退きていづちともなく、風に随《したが》って遁《のが》れ行く。平氏の兵者共《つわものども》はかねて知りければ、いよいよ鬨《とき》をつくり、重ねて攻め戦ふ」

戦いが佳境に入ったころ、空が急に暗くなって金環日蝕が両軍を襲った。しかし、源氏方は日蝕だと知らず、大混乱をきたし、ただ風にしたがって逃走するしかなかった。

一方、平氏方は日蝕を知っていたので混乱する源氏の軍船を尻目に鬨《とき》の声をあげ、さんざんに源氏方を攻め立てたというのだ。こうみると、やはり日蝕が勝敗の明暗をわけたようにみえる。平氏は当時、日宋貿易を独占し、中国から先進的な天文の知識をえていたが、源氏方は山国信州の武士が多かったために日蝕を知らなかったのだともいわれる（片山亨著「源平水島合戦と日蝕」『岡山経済』一七六号）。

山国の武士らが不慣れな海戦の最中、空に突然、「黒い太陽」があらわれたら驚きもするだろうし、恐怖に駆られて逃げもするだろう。合戦の勝敗に日蝕が関係していなかったとはいわない。しかし、船いくさに慣れた平氏の軍船は、それぞれ板を渡して互いにしっかりと結びつけ、船上が平坦に保たれるよう工夫されていたという。源氏方にとっては、まず軍勢の数が平氏の半数であったことに加え、船いくさに慣れた平氏勢に圧倒されていた。『源平盛衰記』の表現を借りれば、「かかるほどに（そんなところへ）」突如、日蝕が天を覆ったのだ。つまり実際にはすでに日蝕が起きたとき、合戦の大勢は決していたが、日蝕が追い打ちをかけたといえよう。

こうして水島の合戦で平氏が一気に勢力を盛り返し、鎌倉勢、平氏勢、木曽勢という三国鼎立の状況が現実のものとなった。

義仲は水島の合戦の敗戦によって都で窮地に陥り、やがて頼朝が派遣した義経に宇治川で敗れ、近江で討ち死にする。義仲にとっても潮目を分ける合戦となったのだ。それでは義仲が宇治川で敗れてのち、討ち死にするまでの物語を一人の女性武者とともに追ってみよう。

その女性武者は、義仲の愛妾《あいしょう》とされる巴御前《ともえごぜん》。『源平盛衰記』によると、彼女は義仲の乳母の夫である中原兼遠《かねとお》の娘とされ、「つよ弓の手だり」であり、「荒馬の上手」であり、義仲が北陸道を京へ攻めのぼった際には一方の大将に任じられたという。

義仲が宇治川で義経に敗れた後、『源平盛衰記』は北陸へ落ち延びる義仲一行の中に、長い黒髪をなびかせる巴の姿を活写している。近江の粟津《あわづ》（大津市）あたりまで逃げた義仲主従の数はすでに七騎。巴もその一人。内田三郎家吉《いえよし》という鎌倉方の武将がその姿をみて、捕虜にしようとする。巴の噂は鎌倉の頼朝の耳にまで届いていて、兵たちに「あい構えて虜《とりこ》にして進ずべき」と伝えていたからだ。しかし巴は「荒馬乗りの大力（怪力）」で通っている。死を覚悟した家吉はただ一騎、馬を進めた。すると巴は「あっぱれ」といってまず敵を褒めたという。その家吉との一騎打ちでは、存分に巴の強さが発揮される。まず二人は馬を駆って騎射の姿勢を取るが、両者とも弓を射らず、やがて馬を寄せ合って太刀打ちの姿勢から組打ちとなった。巴は家吉の鎧の袖を持って組み伏せようとする。すると家吉は、卑怯にも巴の黒髪を絡め取り、腰刀で巴の首を掻《か》こうとした。その振る舞いに「おのれ、内田殿はいくさの故実を知らぬのか！」と一喝し、巴は家吉が腰刀を握るひじを強烈に打ちつけた。あまりの強打に家吉の刀は打ち落とされ、巴はたちまちのうちに家吉を鞍の前輪に組み伏せた。そうして腰刀を抜くや、家吉の首をねじ斬ったという。

巴御前

たしかに強い。その後、義仲は信濃に残してきた妻子へ自身の最期を伝えるよう巴へ命じ、嫌がる彼女を戦場から離脱させた。巴は信濃に下るが、やがて平氏との内戦に勝利した頼朝によって、鎌倉へ召喚される。頼朝は巴を斬首しようとしたが、有力御家人の和田義盛（一三人合議制メンバー）は「心も剛も無双」という巴の血筋を残したいと考え、巴の身柄を預かり、妻とする。こうして義盛の妻となった巴は男子を生む。その子は成人して、これまた無双の怪力として名高い朝比奈三郎義秀《あさひなさぶろうよしひで》（義盛三男）になるという。

鎌倉下向以降の話は明らかに筆がすべりすぎているが、そのほかの話はどうだろうか。巴御前は実在するのだろうか。巴の話は『平家物語』とその増補版である『源平盛衰記』にしか記載されていない。すべてが創作だといわれたらそれまでだが、この時代の歌謡曲（今様《いまよう》）にも女武者が登場するし、怪力の女の話は『今昔物語集』でも描かれている。

プロの戦闘員（武士）が誕生した時代だけに、馬術や格闘術が巧みな女性があらわれても不思議ではない。源平の時代を現代に置き換えるなら、女性の社会進出が進んだ時代ということもできよう。

※会稽の恥＝中国の春秋時代、越王の句践《こうせん》が呉王の夫差《ふさ》と戦ったが、会稽山で囲まれ、負けて辱めを受けた。中国の史書『史記』に掲載される逸話だ。以前に受けたひどい恥を主にこう呼ぶ。

謎09 一谷の合戦で「鵯越え」したのは源義経にあらず！

源氏の内訌《ないこう》（木曽勢と鎌倉勢の内輪もめ）もあって漁夫の利をえた平氏は寿永三年（一一八四）正月八日、摂津の福原入りを果たし、二〇日には安徳天皇を福原に迎え入れた。平氏は清盛の時代の拠点を奪回したのである。

安徳天皇が福原入りした日、伊勢から鈴鹿峠を越えて北上していた源義経は、宇治で義仲軍をやぶった（宇治川の合戦）。また頼朝の異母弟源範頼《のりより》（※）が近江の瀬田の防御ラインを突破し、京の北と南から攻めこんだ。こうして鼎立していた三勢力のうち、木曽勢が消え、鎌倉勢と平氏がまともにぶつかることになる。早くも二二日に朝廷は平氏の総帥である宗盛追討の宣旨を鎌倉勢に与えた。その攻撃目標はむろん、平氏が奪回したばかりの福原だ。

一方、平氏は福原の東西に木戸口（柵）をもうけ、東の生田口（神戸市街）と西の一谷口（須《す》磨《ま》海岸付近）の間を城砦《じょうさい》としていた。この福原を中心とする平氏の本営は、城門にあたる東西の木戸口さえ守ることができたら、南は海、北は山という要害の地。その要害の地である平氏の本営へ、常識はずれの作戦を強行したのが義経だとされてきた。同年二月七日、搦手《からめて》軍の大将を仰せつかった義経は常識をやぶって、一谷背後の急峻《きゅうしゅん》な山を逆落としに攻め下ったという。

ちなみに、大手の生田口方面の大将は範頼がつとめていた。

『平家物語』によると、まず義経は丹波方面から一谷をめざし、三草山《みくさやま》（兵庫県加東市）に陣していた平氏方に夜襲をかけて蹴散らした。その後、すぐさま一万騎の軍勢を二手にわけ、一手を土肥実平《どひさねひら》に預けて山陽道から一谷の木戸口へ西側から〝正面攻撃〟させ、自身は難所の鵯越《ひよどりごえ》えを経て、一谷背後の鉄拐山《てっかいさん》にいたる。そこからは平氏の陣が一望に見渡せたが、その先は急峻な崖道。常人ならそこであきらめるところだが、義経は崖の上から数頭の馬を落とし、テストする。何頭か無事に降りきったのを確認し、真っ先に攻め下るのだ。幕府の正史とされる『吾妻鏡』までもが「鵯越え」の奇跡を史実として記している。

『吾妻鏡』には義経が二月七日の朝、「鵯越と号す一谷後山（鉄拐山）」に着《ちゃく》し、そこから攻め下ると平氏は思慮を失い、敗走したとある。事実なのだろうか。

『吾妻鏡』や『平家物語』より信頼できる九条兼実の日記『玉葉』が謎解きのヒントになりそうだ。そこには「一番は、九郎（義経）の許《もと》より告げ申す。搦手なり一谷を落とす」とあり、兼実が合戦の詳報を知ったのは翌八日の昼ごろ。権中納言定能《ごんちゅうなごんさだよし》という公卿が義経からの申告で、まずその詳細な第一報を兼実に報告している。やはり義経は搦手（一谷口）を攻めていたことがわかる。だが、引き続き定能を通じてもたらされた続報にもとづき、兼実は「多田行綱《ただゆきつな》が山方より寄せ、最前に山手を落さる」と『玉葉』に記しているのだ。この行綱という武者は清盛の存命中、後白河法皇の側近が京の鹿ケ谷山荘で平家打倒の陰謀をめぐらしたとされる事件で清盛へ密告した裏切者として登場するが、その後、本拠地とする摂津で反平家の動きをみせる。ここでは、その行綱が「山方より寄せ」というくだりが問題となる。

義経が「一谷を落とす」とあるものの、逆落としを想起させる表現がどこにもない。一方、行綱は「山方より寄せ」とあり、逆落としとまではいえないまでも、平氏の陣地の背後、すなわち山側から奇襲したと読み取れる。ただし、行綱が山側から奇襲したのは一谷ではなくて山手。現在、神戸市の住所として「山手」の地名が残り、界隈《かいわい》は平氏一門の営んだ福原京のあったところだ。つまり多田行綱は、大手の生田口方面の背後にあたる山を駆け下りて、早々と福原の平氏の陣地を混乱させている。これは大きな戦功だ。

一方、現在の地図で「鵯越」という地名を探すと、神戸市兵庫区里山町に神戸電鉄「鵯越駅」がある。一谷から直線距離でも八キロメートルは離れている。現地に行って調べてみると、駅から徒歩数分のところにある標柱（長田区鵯町四丁目付近）の説明書きに「この鵯越の道は播磨と摂津をむすぶ古道」とあった。

つまり、こういうことになるのではなかろうか。その鵯越の道を越えて神戸市街方面へ進むと、ちょうど福原京のある山手方面へと出られる。「山方より寄せ、最前に山手を落さる」という『玉葉』の表現にピタリとあてはまる古道は、この道しかない。多田行綱がこの道を通ったのはたしかだ。ただし、この道はなだらかに神戸市街へ向かって下る道。逆落とししたくてもできない道だ。一方、『玉葉』によって義経がやはり搦手の一谷口を攻めていたことがわかるが、さきほどの古道は、播磨方面から神戸市北区の藍那《あいな》を通り、そこで鵯越に通じる道と一谷方面への道とに分岐する。義経が三草山から一谷へ進むとしたら、藍那で鵯越えする道と別れることになる。

鵯越付近

行綱は義経の軍に藍那まで同行し、そこで義経の軍勢と別れ、手勢を率いて鵯越えしたのかもしれない。そうなると、義経が鵯越えして平氏軍を急襲したという誤解が生じやすくなる。また、藍那には相談ヶ辻という別れ道があり、そこで道を左の鵯越方面をとるか、右の一谷方面へ進むか、義経が配下の者と相談したという伝承が残っている。

さらに藍那あたりで道案内をつけていることが『平家物語』で確認でき、そこから察するに義経は、藍那から一気に獣道のような間道を駆け抜け、一谷の平氏の陣地の背後へ迂回したのだろう。平氏方にとっては、義経軍がごつごつした岩山を逆落とししてきたように感じられたのかもしれない。まとめるとこうなる。

①鵯越えをしたのは行綱。ただし襲った先は一谷ではなく山手だった。

②義経は、鵯越えはしなかった。しかし一谷の平氏の陣地の背後をついた。

この行綱と義経二人の話があわさって「源義経が鵯越のルートをとり、一谷の平氏軍の背後をついた」という誤解が生まれた。さらに行綱と義経のいずれもが急襲だったために、「逆落とし」という尾ひれがついた。『吾妻鏡』『平家物語』ともに鎌倉時代半ばの成立だけに、そのころすでに噂が噂を呼び、「義経の鵯越の逆落とし」伝承にまとめあげられていた——のではなかろうか。

※**源範頼**＝義朝の第六子で頼朝と義経とは異母兄弟。弟義経とともに西国への遠征軍の総指揮官となった。寿永三（一一八四）年正月に源義仲を攻めて入京。一谷の合戦に勝って鎌倉へ帰った。元暦と改元された同年八月、平氏追討軍の大将としてふたたび鎌倉を発し、義経とともに平氏を滅亡させたが、建久四年（一一九三）年八月、頼朝から叛意ありと疑われて鎌倉を追われ、伊豆修善寺で殺された。

謎10 屋島の合戦で「前哨戦にしくじった男」と「奇襲に成功した男」の謎

寿永三年（一一八四）二月に一谷で敗れた平氏は本拠の屋島へ逃げ帰ったが、そこで鎌倉勢の追撃がとまってしまう。このとき源義経が無断で検非違使《けびいし》・左衛門尉《さえもんのじょう》に任官し、兄頼朝の怒りを買ったとされるが、いまでは、この任官は頼朝も納得している話であったといわれるようになった。二人の兄弟の反目には、兄が平氏追討の立役者である弟を警戒したという別の理由があったとみられる。だからといって、この兄弟喧嘩が鎌倉勢の進発の遅れを説明する理由にはならない。確実な理由としては、①平氏が奉じる天皇と神器を取りもどすために後白河法皇側が平氏と和平交渉に臨んでいたこと②養和の大飢饉の影響で兵粮米が不足していたこと③伊勢・伊賀で反乱が起きていたこと——などが挙げられよう。

こうして屋島へ逃げた平氏はその余命をながらえた。むろん鎌倉勢も、ただ手をこまねいていたわけではない。

まず頼朝は、土肥実平と梶原景時に先発を命じた。頼朝が石橋山で大敗して安房へ逃れる際、船を用意したのが実平だった。小規模な水軍をもっていたのだろう。屋島や彦島（下関市）などの平氏の拠点を攻撃するため、頼朝は実平らの水軍に期待したのだ。しかし、瀬戸内の制海権を握る平氏の水軍にかなうはずもない。そこで頼朝はいったん鎌倉へ帰還していた源範頼に一〇〇〇騎の兵を与え、一谷の合戦のほぼ半年後の元暦元年（一一八四）八月八日、鎌倉を進発させた。ちなみに、このとき二二歳の若者だった『鎌倉殿の13人』の主役北条義時も、三浦義澄・和田義盛・比企能員《ひきよしかず》といったのちの一三人合議制メンバーとともに出陣している。入京後、範頼は朝廷より正式に追討使に任じられ、九月二日、都を発った。ところが、この範頼軍も苦戦する。それどころか、範頼は室津《むろつ》（兵庫県たつの市）などで遊女らを召し集め、遊び戯れてただ時を費やしたと『平家物語』で酷評される。そこで、この大手軍のテイタラクをみて、伊勢・伊賀の反乱鎮圧や都の警護にあたっていた義経が急きょ搦め手軍として屋島を攻撃することになったといわれる。

年が明けて元暦二年（一一八五）の二月一六日、義経はわずか一五〇騎の郎党や京侍（※1）らを率いて都を発ち、渡辺党（※2）の水軍とともに暴風雨をついて阿波の勝浦（小松島市）へ渡った。平氏の軍勢が分散されていたという幸運も手伝い、義経軍は屋島の平氏の本営を背後から衝いて一八日には平氏を海に追い落としたという。平氏は義経軍の急襲に驚いて戦わずして逃げたのである。こうして義経は、範頼が五か月経っても落とせなかった屋島をわずか三日で攻め落としたといわれる。一谷につづく義経の超人的な活躍を示す物語として人口に膾炙《かいしゃ》されているが、このとき義経は頼朝に無断で出兵していたという。

また、『平家物語』ではこんな逸話も語られる。義経が摂津の渡辺浦（大阪市）で阿波渡海について話し合う軍議の席上、大手軍（範頼軍）から派遣されていた梶原景時（のちの一三人合議制メンバー）が軍船の前後に櫓《ろ》を立て、万が一の場合に後退できるようにすべきだと主張した。ところが義経は合戦に臨み、後退を考えるとはもってのほかだと大激論となる（逆櫓《さかろ》論争）。結局、義経は景時を渡辺に残し、わずかな手勢で渡海を断行。義経が屋島を落としたあと、軍船を率いて到着した景時を「六日の菖蒲《しょうぶ》」とあざけった。菖蒲は端午《たんご》の節句（五月五日）で使うもの。それが一日遅れの六日になって届いても無用の長物でしかないという意味の強烈な皮肉を浴びせたのだ。景時はこうした義経との反目から、のちに彼を頼朝へ讒言《ざんげん》するにいたる。

以上の誤りをひとつずつ正してみよう。

まず範頼が遊女遊びに興じ、なかなか屋島攻撃にかかれなかったというのは本当だろうか。範頼軍の最終攻撃目標が平氏の本拠地たる屋島であるのはたしかだが、頼朝の命でまず山陽道、それから九州と、平氏の勢力基盤の平定を目論んでいた。つまり鎌倉方は、屋島や彦島の平氏の糧道を断って首を真綿でしめあげる長期戦略を練っていたのである。ところが、平氏を干殺しにするどころか、瀬戸内の制海権を握られて範頼軍の将兵が逆に餓死しかねない状況に追いこまれ、鎌倉へ兵粮米の提供を願いでたほどであった。範頼軍はそれでも彦島の平知盛軍に九州渡海を妨げられつつ、源氏のシンパから何とか兵船と兵粮を借り、九州の豊後へ渡っていた。『吾妻鏡』にも「四国の事は義経、九州の事は範頼」とあって、四国の受け持ちは義経と記載されている。よって範頼は頼朝の構想に応じてみずからの役割を全うしただけであった。

ところが頼朝は、義経が屋島を急襲する一か月前、九州の武士を動員して四国を攻めよと範頼に命じた。鎌倉の頼朝としては一谷からほぼ一年、もはや屋島をそのままにしていては危険だと考えたのだろう。平氏の糧道を断つ持久戦から作戦変更したのである。むろん範頼のみならず、四国が受け持ちの義経にも命令が下されたはずだ。ただし、頼朝より屋島の平氏に脅威を感じる人物らがいた。後白河法皇の近臣である。義経が京侍を率いているところからすると、頼朝の正式な出陣命令が出るより前に、義経が法皇の命を帯びていた可能性がある。こうして頼朝が弟と後白河法皇との関係を警戒するようになり、ひいては義経その人に脅威を感じだしたと推し量られる。しかしながら、義経が「四国の事」をまかせられていたことから、兄頼朝の意思に反し、勝手に屋島を攻め落としたという批判はあたるまい。

渡辺浦や屋島での景時との確執についても、景時は当時、豊後か周防あたりにいたとみるのが妥当だ。たしかに『吾妻鏡』には侍所別当の和田義盛が範頼軍、侍所ナンバー2の景時は義経軍に従ったとあり、二人はそれぞれ軍監の役目を担っていたとされている。しかし、景時は屋島攻撃の前年暮れまで、同じく先発した土肥実平とともに西海道にいた。流れからみて、そのまま西海道にとどまったとしたほうが合理的ではなかろうか。例の逆櫓論争などは、彼がのちに義経を貶《おとし》めようとしたことから生まれた話だと考えている。また、景時を義経軍の軍監とするのも実際に範頼軍の軍監だった義盛との対比が招いた誤解ではなかろうか。

こうして義経によって屋島を追われた平氏一門はいったん讃岐国塩飽《しあく》庄（諸島）へ逃れたと『玉葉』が記しているものの、そこも義経軍に襲われ、平氏の水軍はわずか一〇〇艘ほどになって長門の彦島へ逃げ去った。義経の屋島攻撃前には瀬戸内の制海権を握り、範頼軍をさんざん苦しめた平氏の水軍がたった一〇〇艘ほどになったというのだ。おそらく平氏が屋島という一大拠点を失ったことで、それまで平氏についていた水軍がこぞって源氏方となったからであろう。その典型例が阿波（田口）成良《しげよし》だ。彼は阿波国司の裔《すえ》で、屋島に本拠をすえた平氏一門を支えてきた。ところが屋島の合戦後、平氏を裏切るのである。もはや、たった一〇〇艘で彦島に逃れた平氏一門は、その滅亡の時がくるのを座して待つしかなかったのである。

※1 **京侍**＝読んで字のごとく、京に住む侍のこと。院の警固などをつとめた。
※2 **渡辺党**＝摂津渡辺を本拠とする中世武士団。源頼光四天王の一人として有名な嵯峨源氏渡辺綱を始祖とする。

謎11

壇浦の合戦で「あの世から蘇った平氏の公達」が大活躍？

屋島の合戦で平氏を長門の彦島へ追った源義経は、紀州の熊野水軍、伊予の河野水軍を自陣営へ引き入れた。さらには周防の国司から軍船の提供を受けた。そうして寿永四年（一一八五）三月二四日、海上で平氏軍と義経軍が衝突。範頼軍は平氏の退路を断つ役割を担っていたとみられる。このときの平氏の軍船数は史料によってまちまちだが、現実には『吾妻鏡』の五〇〇艘より少なく、前項で述べたとおり一〇〇艘ほどであっただろう。かたや義経軍は『吾妻鏡』の八四〇艘を妥当な線とすると、平氏の一〇倍近い軍船を擁していた。

関門海峡は潮の流れが複雑で、義経軍は潮の流れが変わったタイミングをとらえ、勝利を引き寄せたといわれてきた。だが海戦がおこなわれた五時間ほどの間に本当に潮の流れが変わったかどうか、さまざまな反論が生じ、その事実関係も疑われている。ともあれ、鎌倉勢の武者たちは船いくさが不得意だったとはいえ、その圧倒的な軍船の差が大きくものをいったのだろう。平氏は入水《じゅすい》した安徳天皇と三種の神器のひとつ、宝剣とともに滅びた。

ここでひとつ、謎解きに挑んでみよう。義経の超人伝説のひとつである「八艘飛び」についい

壇浦で八艘飛びする義経（左）

ての謎だ。

『平氏物語』によると、平氏随一の猛将とされる平教経《のりつね》（清盛の甥）が敵の大将義経を討ち取ろうと、源氏方の船へ次から次へと乗り移り、義経の姿を探し求めていた。当時の海戦は敵船へ飛び乗って敵と組み討ちするのが普通だったから、船と船の距離が近かった。よって八艘飛び――船から船へ飛び移ることそのものは超人技でも何でもない。ところが、義経の八艘飛びの秘技は、そんな生やさしいものではなかった。義経の姿を探し求めた教経はようやく見つけ、義経の船に飛び移る。それを見た義経は大鎧を脱いで敏捷《びんしょう》に動き回り、巧みに教経の攻撃をかわすものの、ついに教経に追いつめられてしまう。するど追いつめられた義経が二丈《じょう》（およそ六メートル）先の波間に揺れる味方の船へ、ゆらりと飛び移ったという。そうなるとさすがの教経も「義経の身軽さにはとてもかなわぬ」と嘲笑《あざわら》って船にとどまり、あきらめざるをえなかったという。

この数字がどのくらい凄まじい数字なのか。現在の男子走り幅跳び競技の世界記録は、アメリカのマイク・パウエル選手が保持する八メートル九五センチ。約九メートル。さすがに世界記録は無理でも六メートルくらいなら通常の人でも可能なように思えるが、走り幅跳びは助走が許されている。船の上でどれだけ助走がつけられるか疑問だし、もし仮に助走をつけて飛んだとしても、そこは足場が不安定な船の上なので、当然、揺れのために踏み切りが困難だ。しかも大鎧を脱いだといっても腹巻くらいはつけていただろうから、体重プラス二〇キロの負荷がかかっていたはず。こうした条件を考え合わせると、船から船へ、六メートルは飛べる距離ではない。義経がごくふつうの距離を船から船へと飛び移り、平氏の武者と戦った姿が誇張されたのだろう。

『平家物語』の記述にはもうひとつ、不審な点がある。『吾妻鏡』によると、義経と戦った平教経は壇浦の合戦の一年前、京で獄門に晒されたと記されている。つまり、『平家物語』はあの世から蘇った平氏の公達《きんだち》が敵の大将、義経とわたりあったと書いているのだ。むろん、『平家物語』の作者（不明）の誤解であろう。

いずれにせよ、多くの伝説を残した源平合戦（治承寿永の内乱）は、あの世から蘇った武士の伝説とともに幕を閉じたのである。

謎12

義経の「腰越状」と「生存伝説」の謎を追う！奥州合戦で義経を逃がした男の名

平氏一門を壇浦で滅ぼし、京に凱旋《がいせん》した源義経は、梶原景時らの讒言によって兄頼朝の怒りを買ってしまうとされている。兄の怒りを解こうとした義経は元暦《げんりゃく》二年（一一八五）五月七日に京を発ち、捕虜となった平宗盛父子を護送しながら鎌倉をめざした。しかし、頼朝は宗盛父子の身柄を受け取ったものの、弟の鎌倉入りを許さず、義経は鎌倉のすぐ手前にある腰越《こしごえ》の満福寺《まんぷくじ》で頼朝の側近・大江広元《おおえひろもと》（のちの一三人合議制メンバー）宛てに長文の嘆願文をしたためる。

これが世に名高い「腰越状」である。

「左衛門少尉《さえもんのしょうじょう》源義経、恐れながら申し上げ候」

という書き出しではじまり、頼朝の代官として多くの勲功を挙げたにもかかわらず、それが認められるどころか、逆に勘気《かんき》をこうむったことを嘆いている。そして自分に野心のないことを日本全国の神に誓い、何通も起請文を書き送った事実を述べ、最後は広元の慈悲にすがっている。しかし、義経は兄頼朝との面会を果たせず、六月九日、ふたたび宗盛父子を護送して京への帰還を余儀なくされる。その後、いったん義経に与えられていた平氏没官領二四か所も頼朝によって没収された。しかも一〇月に入ると、京の六条室町にあった義経の邸が鎌倉からの刺客・土佐房昌俊《とさのぼうしょうしゅん》（※）らに襲われる。こうしてさすがの義経も兄頼朝に恨みを抱くようになり、後白河法皇から頼朝追討の宣旨を賜って、挙兵に踏み切る。

通説にしたがって一連の流れを確認していくと、切々と自身の心情を吐露した「腰越状」とともに、悲運な武将として後世、「判官《ほうがん》びいき」の世論がつくられるのもうなずけよう。しかし、いまでは腰越状そのものの存在が疑問視されている。この嘆願文は『吾妻鏡』に全文が掲載されているものの、原文が残っているわけではない。『吾妻鏡』は鎌倉時代中期の編纂《へんさん》である。時の権力者である執権北条氏の意向をくみ、頼朝がいかに親族に冷淡であったかを強調させる目的で腰越状そのものを捏造《ねつぞう》した可能性も指摘されている。たしかに内訌を繰り返して滅んだ源氏に代わり、幕府を支配する北条一族にとって頼朝が冷淡であったほうが望ましい。実際に腰越状には、後世の創作であると思われる一節もある。

「平氏をかたむけんがために、或時《あるとき》は峨々《がが》たる巌石《いわいし》に駿馬《しゅんめ》に鞭うて」

義経がその自身の勲功を述べる部分は、一谷の合戦の際に逆落としで平家の陣を背後から急襲した『平家物語』の名シーンをさしている。しかし、一谷の合戦の項でみたとおり、事実とは考えにくい。

次に、義経が鎌倉へ下向した目的を考えてみよう。公卿の日記などから当時、京の朝廷では、内大臣という高位の職にあった平宗盛の処罰に頭を悩ませていた節がうかがえる。そこで朝廷は鎌倉へ宗盛の身柄を送り、処罰を任せようとした。つまり義経下向の目的は、宗盛の護送であって、決して鎌倉に入って兄の許しを得るためではなかったという解釈だ。すでに鎌倉では死罪に処す方針が固まっていたとみえ、義経は宗盛をふたたび連れ帰り、近江の宿で斬首する。そのあと義経は、頼朝の指示どおり、その首を京の検非違使庁へ引き渡している。

義経が腰越状をしたためた当時、すでに鎌倉の頼朝と京の義経は不和の状態にあった。平氏追討を成し遂げた直後の両者にとって、ちょうどそれが表面化するときでもある。このような対立関係にある兄頼朝のもとへ、義経がわざわざ嘆願状まで出して出向こうとするはずがない。

ただし義経が京へ帰った時点で、両者の関係はまだ修復可能であった。ところが義経の叔父行家が頼朝に不満を抱き、謀叛を計画するに及んで事態は急転する。『玉葉』によると、義経はこの叔父の謀叛を止められず、一〇月一三日付の『玉葉』に「義経・行家同心し、鎌倉に反す」という噂が流れていた事実が書き留められている。

さらに筆者の九条兼実は「頼朝がために生涯を失くし、宿意《しゆくい》を結ぶ輩《ともがら》」らが義経・行家の周辺に集まっているという情報も付け加えている。こうして反頼朝陣営に抱きこまれる形で義経が挙兵させられたというのが真相ではなかろうか。

その義経は船団を組んで叔父の行家（翌年、鎌倉勢の武士に捕らえられ、斬首される）とともに九州で挙兵しようとしたが、暴風雨で難破してしまう。鎌倉からの追っ手を逃れるようとするものの、吉野山で愛妾の静御前《しずかごぜん》と別れ、かつて世話になった奥州平泉へ逃げこむ。だが、かつての庇護《ひご》者であった藤原秀衡《ひでひら》はやがて世を去り、その嫡男泰衡《やすひら》の代になる。

それから二年半たった文治五年（一一八九）閏四月三〇日、奥州平泉の高舘《たかだて》にある義経の邸を泰衡の軍勢数百騎が襲い、義経は討ち死にする。その首は四三日間かけて鎌倉へ送られ、六月一三日、義経にとっては因縁の地である鎌倉の腰越で首実検《くびじっけん》に供される。しかし、当初からその首が本当に義経のものかどうか、鎌倉でも疑っていたようだ。義経が自害した日と鎌倉で首実検に供された日がいずれも『吾妻鏡』に記載されているが、義経の首は、黒漆を塗った櫃《ひつ》の中に酒を満たし、それで腐敗を防いでいたという。夏場に四三日間もかけて奥州から関東へ運ばれた首が、たとえ酒に漬けられていたとはいえ、まず原形をとどめていたかどうかははなはだ疑問。しかも『吾妻鏡』は詳細を記さず、首実検にあたった梶原景時と和田義盛の両名が涙を流したと記述するだけだ。つまり、腐敗して原形をとどめていなかったはずの首を景時と義盛両名が義経だと確認したことにし、頼朝は、それで一件の幕引きをおこなったのである。

こうして鎌倉で疑心暗鬼《ぎしんあんき》が広がる。早くも翌年、奥州で叛乱《はんらん》が起きた際、その首謀者である大河兼任《おおかわかねとう》について、「伊予守義経と号す」（『吾妻鏡』）などと噂された。伊予守は平泉で自害したとされる源義経の官職。奥州で暴れまわる兼任が義経を名乗っていると記しているわけで、当時の鎌倉政権内で義経の死に関して疑惑の目が向けられていた状況が推察される。

一方、通説では、泰衡が鎌倉の頼朝の機嫌をとり、奥州藤原氏の安泰を図ろうとして義経を自害に追いこんだことになっているが、これにも異説がある。順序だてて説明しよう。

まず、平泉に君臨した奥州藤原氏の三代目藤原秀衡が文治三年（一一八七）一〇月に死去した際、遺言を四代目の泰衡に残している。その内容が『吾妻鏡』に「伊予守義顕《よしあき》を大将軍となし、国務せしむべし」と記されている。義顕というのは、鎌倉方が一方的につけた義経の名。つまり秀衡は、義経を中心に奥州政権の国務をおこなうように泰衡に遺言したのである。通説では、この父の遺言に泰衡が背くことになっている。

しかし、太平洋戦争後、平泉の中尊寺《ちゅうそんじ》金色堂《こんじきどう》に安置されている藤原三代の遺体（ミイラ）の学術調査がおこなわれ、それまで忠衡《ただひら》のものだと思われていた首が泰衡のものであると断定された。忠衡は泰衡の異母弟。父の遺言どおり、義経を大将軍に仰ごうとして泰衡に殺されたとされている。これが忠衡のものなら問題はなかったのだが、泰衡の首が偉大な父や祖父（基衡《もとひら》）・曾祖父（清衡《きよひら》）と同じく、死後、大事にされていることを考えると、とても三代目の遺言に背いた者の扱いとは思えなくなる。

義経の首を平泉から鎌倉まで運んだのは、泰衡の使者であったと『吾妻鏡』に記されている。だとしたら、泰衡が義経主従を討ち取ったことにして、ニセの首を使者に持たせたとも考えられる。これこそ、父の遺言に背かず、鎌倉を刺激しないという矛盾する問題を解決するために、泰衡が考え抜いた究極の策ではなかっただろうか。もしも鎌倉にニセ首だとバレても、そのころ義経主従は遠く離れた土地に逃げたあとのこと。伝承によると、義経主従は平泉から津軽十《と》三湊《さみなと》をめざし、さらには津軽半島から蝦夷地《えぞち》へ渡海したとされ、各地にその足跡や伝説が残されている。

　もちろん泰衡にしても、以上のようなニセ首の小細工が通用しないことはわかっていただろうし、バレた際には、鎌倉方との決戦も想定していたはずだ。実際に鎌倉方では、泰衡から義経の首だとされる首を受け取ってすぐ、奥州藤原氏追討の兵を挙げている。追討理由は、泰衡が義経の身柄引き渡しを拒み、義経の「与同」とみなされること。すでに義経の首が鎌倉に届けられる前から『吾妻鏡』には「奥州討伐」などの文字がみえ、鎌倉では奥州平定を目論んでいたことがわかる。頼朝にとって政治的に失脚した義経の生死より、奥州藤原氏を攻め滅ぼす口実のほうが重要だったのであろう。したがって頼朝からしたら、泰衡の小細工はむしろ

源義経

望むところだったのではなかろうか。

こうして当時、鎌倉でも奥州でも義経が生存しているという話が広まり、奥州に義経と号す兼任のような反乱者があらわれ、鎌倉でもその話が御家人たちの間で話題になっていたからこそ、『吾妻鏡』に記載されたのだろう。それでは当の義経はその後、どこで何をしていたのだろうか。

江戸時代になって儒学者の新井白石《あらいはくせき》は、義経をアイヌの神であるオキクルミと同一視している。北海道にも北行《ほっこう》伝説に関係する旧跡が多く残っていることからすると、義経が蝦夷地へ渡って永住した可能性はあろう。江戸時代には学者らの間で、義経が蝦夷地へ渡った話は常識化していたらしく、水戸藩の徳川光圀《とくがわみつくに》が編纂をはじめた『大日本史』は、義経の死にわざわざ注釈をつけて「義経は衣川の館に死せず逃れて蝦夷にいたる」と記した。その理由については、本書でも述べたとおり、酷暑の季節にいくら酒に浸していても四三日間たって、それが義経の首であるとわかるはずがないとしている。江戸時代には義経の伝記『義経記』が好んで読まれ、のちに「義経千本桜」などが歌舞伎の演目となる。ある意味、〝義経ブーム〟が起きる中で、一部の知識人によって義経が韃靼《だったん》（モンゴル東部）へ渡海したという説までだされ、〝義経＝ジンギスカン〟という説に発展したようだが、さすがにそこまでいくと、眉唾《まゆつば》というしかない。

※土佐房昌俊＝奈良興福寺西金堂《さいこんどう》の堂衆（僧兵）。義経は当夜、家人を率いて邸を留守にしていたが、『吾妻鏡』によると、頼朝に叛意を抱く源行家が駆け付け、土佐房は義経を討つことかなわず、退散したという。その後、土佐房は鞍馬山に逃れるも捕縛され、六条河原で斬首される。通説では頼朝の命で刺客になったとされるが、頼朝の命であったという根拠は薄れつつある。

謎13

鎌倉幕府の誕生、本当は何年？

鎌倉幕府の開創は何年か――近年、その論議がかまびすしい。ただ、当時の人々が鎌倉の武士政権を「幕府」と呼んだという確実な史料は見当たらず、幕府という言葉そのものが後世の呼称であった。もともと幕府とは、将軍が陣所に幕を張り、帷幄《いあく》（本営）の幹部らと戦略や戦術を練ったことに由来する。したがって、将軍である頼朝と彼を支える御家人らが集《つど》う府（役所）を幕府と呼ぶことは正しいし、その成立を頼朝の将軍職就任に求めるのも当然といえる。しかし征夷大将軍就任から二年後の建久五年（一一九四）一〇月一〇日に、頼朝は将軍職を辞している。将軍という地位にこだわっていないのだ。

そこで視点を変えてみよう。律令制度では左右に近衛府《このえふ》（天皇や内裏《だいり》、京を守護する軍事組織）がもうけられ、頼朝は建久元年（一一九〇）一一月二四日、その近衛兵の長官（右近衛大将《うこんえのたいしょう》）に就いた。征夷大将軍が非常時の官職であるのに対して、右近衛大将は常設の官職。朝廷の武官としては最高のポストであった。しかも頼朝はその年の一〇月、精兵一〇〇〇余騎の東国武士らを率いて鎌倉を発ち、翌一一月七日に都入りを果たしている。関東から平氏の勢力を掃討した後も鎌倉を動かなかったにもかかわらず、頼朝は右近衛大将に任官するため、一四歳で伊豆に配流されて以来、三一年ぶりに都の土を踏んだのだ。また上洛の前年、頼朝は〝奥州の王〟といわれた奥州藤原氏も滅ぼしている。つまり、治承四年以来の長い内乱を制した武家の棟梁《とうりょう》として、都へ凱旋《がいせん》したのだ。

一方、武家政権にとって重要な土地制度の基本ルールもほぼ出来あがっていた。いわゆる地《じ》頭《とう》制だ。これまで武士は、たとえば荘園領主（公卿ら）から荘官職《しょうかんしき》などに任じられて初めて土地の支配に携わることができた。この荘官が地頭と名を変え、荘園領主ではなく「鎌倉殿」である武士の棟梁がその任命をおこなえるようになった。細かな問題点を省略して記すと、その地頭制も完成しつつあったのである。

　つまり建久元年の上洛時には、幕府の屋台骨がほぼ完成し、内乱の勝者となった頼朝が堂々と一〇〇〇余騎の大軍を率いて都

公武二元支配の機構

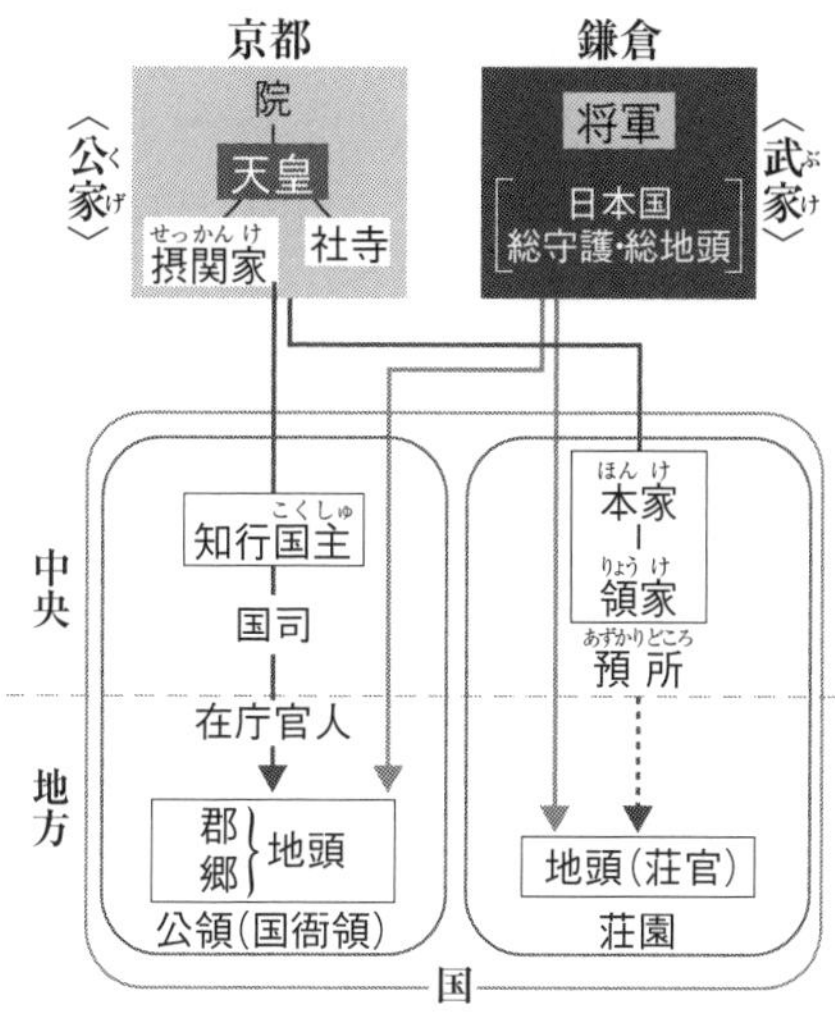

入りを果たしたのである。あとは、幕府を開く資格をえるだけだ。前述したとおり、右近衛大将は武官の最高ポストであり、当然のことながら幕府を開くことができる。

そして平清盛と同じく、頼朝は右近衛大将に就いた直後の一二月四日、職を辞している。近衛兵の長官ともなると、京に常駐しなくてはならず、行動が朝廷に制約される。そこで頼朝は右近衛大将にいったん就き、その名誉だけを拝して実を捨て、朝廷と一線を画す考えだったのだ。実際に頼朝は辞職後、さっさと鎌倉へ帰っている。

そして翌年の正月一五日、それまでの公文所《くもんじょ》を政所《まんどころ》とあらため、政所の吉書始《きっしょはじめ》(仕事はじめ)がおこなわれた。三位以上の公家(公卿《くぎょう》)は政所という家政機関をもうけることができ、右近衛大将となった頼朝にはむろん、政所開設の資格がある。

こうして旧公文所が頼朝の家政機関の枠をこえ、幕府の政務全般をおこなう機関としてスタートしたのである。したがって「政所下文《くだしぶみ》」がこののち幕府の主な行政文書となり、「前右大将《さきのうだいしょう》家政所《けまんどころ》下す」という一文ではじまっている。翌年に幕府政所の仕事はじめがおこなわれた建久元年の末から翌年の初めにかけて幕府が成立したとみるべきだろう。

ちなみに征夷大将軍が幕府を開く条件とされるようになるのは、三代将軍源実朝《さねとも》以降の話である。

謎14 鎌倉幕府の「正体」とは？

幕府の根幹は御家人制度。「鎌倉殿」（源頼朝）の家人となった武士たちが地頭職を与えられ、すなわち土地を安堵《あんど》される代わりに「いざ鎌倉！」とばかり、将軍の召集に応じて武力奉仕する。関東はもとより各地の武士は地頭に任じられて初めて、土地（所領）の知行権を握ることになる。

つまり「守護・地頭」制こそが幕府の「正体」そのものである。その制度は、平氏滅亡後の文治元年（一一八五）、頼朝の代官として上洛した北条時政が朝廷にその設置を求めて発足したと説明されてきた。鎌倉幕府の成立（前項参照）を文治元年とする説の根拠がここにある。

この年、後白河法皇が源義経にいったん頼朝追討の宣旨を与えたものの、義経と叔父源行家の挙兵は失敗してしまう。結果、法皇は頼朝の機嫌をとらなければならなくなり、頼朝にせっつかれ、こんどは逆に義経を追討せざるをえなくなった。その義経追討のための兵粮米徴収の権限を頼朝に与えるために守護と地頭の設置を認めたといわれてきた。

しかし、このときに設置されたのは国単位の地頭、すなわち「国地頭」であって、荘園単位や国衙領の一部に任じられる地頭ではなかったということが次第に明らかになってきた。頼朝はすでに内乱中の寿永二年（一一八三）一〇月に宣旨によって東国の支配権を朝廷に認められていた（一〇月宣旨という）。これに五畿・山陰・山陽・南海・西海諸国が加わり、頼朝の代官である時政が五畿内以下七か国の国地頭となった（文治の勅許《ちょっきょ》という）。

時政はその諸国から反別五升の兵粮米のほか、兵を募ることができ、彼らを処罰する権限をもっていた。また、播磨《はりま》・美作《みまさか》の両国の国地頭には梶原景時、備前・備中・備後の国地頭には土肥実平（両名とも一谷合戦後、現地へ派遣され、平氏の勢力を削《そ》ぐことに努めていた）がそれぞれ任じられた。しかし、京都大学名誉教授の元木泰雄氏が彼ら国地頭を「軍政官」と呼んでいるとおり（『源頼朝』）、あくまで義経追討という軍事オプション進行途上の職である。やがて国地頭による公卿の土地（荘園）の横領などの問題も生じ、この制度は消滅していった。

それでは幕府の根幹となる守護・地頭制はいつ発足したのか。これがまたなかなか難しいようだ。ただし荘園や国衙領の一部を単位とする地頭は、やはり、平氏が滅んだ文治元年ごろからあらわれはじめている。また、「大犯三ケ条《だいほん》」（国内の武士の大番催促と謀叛人・殺害人の検断）を主に職とする守護は建久三年（一一九二）以降、登場するのである。

謎15 「落馬説」は嘘？ 頼朝の「死因」とは？

鎌倉幕府の成立を建久元年（一一九〇）とすると、その九年後の建久一〇年（一一九九）正月一八日のこと。源頼朝が病に倒れたという知らせが京の後鳥羽上皇の御所にもたらされ、正月気分は一気に吹っ飛んだ。鎌倉時代の歌人で有名な藤原定家《ていか》は日記（『明月記』）に「朝家の大事、何事に過ぐるや」と書き残している。しかし、そのときすでに頼朝はこの世にいなかった。五日前の一三日に息を引き取っていたのだ。急死である。しかも死因は不明。それでは「頼朝急死」の真相を探ってみよう。

手がかりとして、頼朝が相模川の橋供養（いまでいう完成式典）へでかけ、落馬したという話が挙げられる。各史料から前年暮れごろのことだと確認できる。では頼朝はどこで落馬したのか。相模国ではこんな伝承が残っている。頼朝が馬上、相模川の橋を渡っているときに雷鳴がとどろいた。すると馬が雷に驚いて、竿立《さおだ》ちになった。頼朝が落馬し、馬はそのまま川の中へ飛びこんで溺死《できし》した。だから、相模川は「馬入川《ばにゅうがわ》」と呼ばれるようになったという。多くの史料が「還路」、つまり頼朝は相模川での橋供養から鎌倉へ帰る途中で落馬したとしており、相模川を渡っているときに事件が起きたとは考えられない。

頼朝が落馬した事件現場を鎌倉近くの稲村ヶ崎だとする史料もある（『保暦間記《ほうりゃくかんき》』）。

「稲村崎にて海上に十歳ばかりなる童子の現し（じ）玉《たま》ひて、汝《なんじ》をこのほど随分うらなひつるに、今こそ見付けたれ、我をば誰かと見る、西海に沈みし安徳天皇也とて失《う》せ給ぬ」

安徳天皇は、平氏が壇浦で滅んだ際、西海に沈んで亡くなった悲劇の主役である。その安徳天皇の怨霊《おんりょう》がずっと頼朝をつけ狙い、ようやく稲村ヶ崎で姿を見つけ、頼朝を落馬させたという。まずまず信頼できる史料だから、落馬の場所特定には役立ちそうだが、さすがに頼朝が怨霊にとり憑《つ》かれていたのが落馬の原因とは思えない。

そこで人為的に落馬を引き起こす暗殺説が幅を利かすことになる。『吾妻鏡』には、建久七年（一一九六）一月から頼朝が死去した同一〇年一月までの三年間の記事がない。つまり、その間の記録がすべて抜け落ち、「空白の三年間」といわれている。『吾妻鏡』は〝北条氏に甘く、源氏に厳しい〟もの。一方、その北条氏は、源氏が三代で滅んだ後、傀儡《かいらい》の将軍をたて、執権として幕府を支配した一族だ。したがって北条氏が編纂者に圧力をかけて、自分たちに都合の悪い記事を抹消させたという噂が江戸時代からささやかれていた。

しかも『吾妻鏡』は頼朝の死から一三年たった建暦二年（一二一二）二月二八日付の記事において「故将軍家渡御、還路に及び御落馬あり、幾程を経ずして薨《こう》じ給ひ畢《おわんぬ》」と当時を振り返り、他の記事に紛れこませる形でさりげなく事実関係を掲載している。北条氏からの圧力を受けながらも、編纂者の意地で落馬の事実だけを後世に伝えようとしたのかもしれないが、むろん確証はない。ただし、この欠落分が北条氏を「頼朝暗殺」の黒幕に仕立て上げる根拠となった。それでは北条氏は、どのように頼朝を落馬させたというのか。

まず頼朝に水銀を飲ませ、中毒症状を引き起こさせたとする説。たしかに水銀は中枢神経にも影響を与えるから、それが原因の落馬ともいえる。当時の公家の日記には詳細な頼朝の死の経緯が記されていない。それは北条氏が緘口令《かんこうれい》を敷き、その仔細《しさい》が京に伝わらなかったからともいえる。だが結果からいうと「北条氏黒幕説」は考えにくい。『吾妻鏡』は計八七年間にわたって幕府に関する事蹟《じせき》を記録しているが、問題になっている「空白の三年間」のみならず、合計で一三年分の記録が欠けている。だとするなら、その「空白の三年間」だけを特別扱いできない。

それに、北条氏には頼朝を暗殺する動機がない。時政も娘の政子を頼朝に嫁がせ、婿が将軍家であればこそ権力を保持できる。しかも将軍の座が約束されている頼朝嫡男頼家（のちの二代将軍）の舅は、比企能員という有力者（のちの一三人合議制メンバー）だ。頼朝が死んで頼家の時代になると、北条一族の立場を比企一族に奪われる恐れがあった。実際、北条氏はのちに頼家と対立し、比企氏の台頭を恐れて彼ら一族を粛清するのである。

それではいったい、「頼朝落馬」の原因は何なのか。謎は深まるばかりだ。

のちに関白となる近衛家実《このえいえざね》の日記（『猪隈関白記《いのくまかんぱくき》』）に、真相らしい内容がごく簡単に記されている。

「前右大将頼朝卿、飲水の重病によりて去十一日出家の由」（建久一〇年一月一八日条）。

〝飲水の重病〟によって頼朝が出家したという。そして二日後に頼朝が急死する。つまり、頼朝は水をガブ飲みする病気にかかっており、どうやらそれが死因とみられるのだ。この症状からいって糖尿病のほか、「尿崩症《にょうほうしょう》」が疑われている。聞き慣れない病気だが、頭蓋咽頭腫《ずがいいんとうしゅ》によっても引き起こされるとされ、視野欠損を生じる。それが落馬原因だった可能性はあろう。そして落馬そのものは死にいたるほどの事故ではなかったものの、当時かなり尿崩症の症状が進んでいた。その後、症状が一気に進んで死んだとも考えられるが、こうなったら、もう医学的な問題である。

ご購読ありがとうございました。今後の出版企画の参考に
致したいと存じますので、ぜひご意見をお聞かせください。

書籍名

お買い求めの動機

1　書店で見て　　2　新聞広告（紙名　　　　　　　　　　　）

3　書評・新刊紹介（掲載紙名　　　　　　　　　　　　　　　）

4　知人・同僚のすすめ　　5　上司、先生のすすめ　　6　その他

本書の装幀（カバー），デザインなどに関するご感想

1　洒落ていた　　2　めだっていた　　3　タイトルがよい

4　まあまあ　　5　よくない　　6　その他(　　　　　　　　　　　　　　)

本書の定価についてご意見をお聞かせください

1　高い　　2　安い　　3　手ごろ　　4　その他(　　　　　　　　　　　　　)

本書についてご意見をお聞かせください

どんな出版をご希望ですか（著者、テーマなど）

郵便はがき

料金受取人払郵便

牛込局承認

9410

差出有効期間
2021年10月31日まで
切手はいりません

162-8790

東京都新宿区矢来町114番地
神楽坂高橋ビル5F

株式会社ビジネス社

愛読者係 行

ご住所 〒 TEL:（ ） FAX:（ ）			
フリガナ お名前		年齢	性別 男・女
ご職業	メールアドレスまたはFAX メールまたはFAXによる新刊案内をご希望の方は、ご記入下さい。		
お買い上げ日・書店名 年 月 日	市区 町村		書店

第二章

北条時政・政子の野望の謎

謎16

先祖も源氏の棟梁が婿だった「北条一族」の素性と謎

鎌倉幕府は、源頼朝の死で将軍専制時代を終え、二代将軍頼家から三代実朝の時代に北条氏が台頭する。その北条氏の祖は平直方《なおかた》だとされる。直方は平貞盛《さだもり》流の桓武平氏（桓武天皇を祖とする賜姓皇族）。関東で新皇と称した平将門を藤原秀郷《ひでさと》（※）とともに討ったのが従兄弟の貞盛。その貞盛の時代に伊勢国とつながりのあった関係からか、四男維衡《これひら》が寛弘《かんこう》三年（一〇〇六）、伊勢守に任じられ、その曽孫の正盛が伊勢平氏を率いる武士の棟梁となった。よって維衡は伊勢平氏の祖といわれ、正盛は平清盛の祖父にあたる。つまり平清盛も、貞盛流桓武平氏の流れをくむものの、いわば傍流だった。

それでは貞盛流の嫡流は、その後どうなったのか。貞盛は将門の乱を鎮圧した功績で従五位下に任じられ、平氏の棟梁の地位をたしかなものにした。ところが貞盛の弟繁盛《しげもり》と従兄弟の平忠頼《ただより》・忠光《ただみつ》兄弟が所領をめぐって争う。比叡山延暦寺へ金泥大般若経《こんでいだいはんにゃ》を奉納しようとした繁盛が忠光に通行を妨げられ、一時、忠光に追捕の官符がだされるという内ゲバが起きた。この忠頼・忠光兄弟は平良文《よしふみ》（貞盛・繁盛兄弟の叔父）を父にもち、忠頼の嫡男がのちに反乱を起こす忠常という関係だ。ちなみに、その良文にはじまる一族は良文流桓武平氏と呼ばれ、子孫は坂東八平氏（千葉・上総・三浦・土肥・秩父・大庭・梶原・長尾の諸氏）として栄えた。彼らが源頼朝の挙兵を助け、あるいは敵対し、源平合戦の主役となる（「桓武平氏家系図」参照）。

さて平将門の乱からほぼ一世紀たった万寿《まんじゅ》五年（一〇二八）六月、関東で平忠常が蜂起したとの報に接し、朝廷はただちに追討の宣旨を下した。その追討使に任じられたのが検非違使の平直方。彼の父維時《これとき》は、祖父貞盛の養子になった人物。忠常に「先祖の敵」と名指しされた人物でもある。このころ桓武平氏の嫡流は、関東に経済基盤（領地）を置きつつ京に住み、藤原摂関家の家人などとして活躍の舞台を京に移していた。忠常に「敵」と呼ばれた維時が関白藤原頼通《よりみち》へ働きかけ、次男の直方を忠常の追討使にゴリ押ししたといわれている。せっかく反目する忠常を公然と討つ機会であったにもかかわらず、直方の戦果ははかばかしくなかった。そのうえ忠常追討の名目で関東諸国から兵粮米や人夫などを徴発し、それがために関東の国々は衰退してしまった。京の朝廷も直方を罷免するしかなく、乱の勃発から二年たった長元三年（一〇三〇）九月、新たな追討使が任じられた。

源頼信《よりのぶ》という清和源氏の棟梁である。頼信は河内守を歴任し、勢力を広げていた。頼朝は彼の裔《すえ》にあたり、「清盛は伊勢平氏」「頼朝は河内源氏」といわれるのは、このためだ。平維時・直方父子と同じく源氏もこのころ活躍の舞台を京に移しており、頼信は摂関家の藤原道兼《みちかね》に仕

桓武平氏家系図

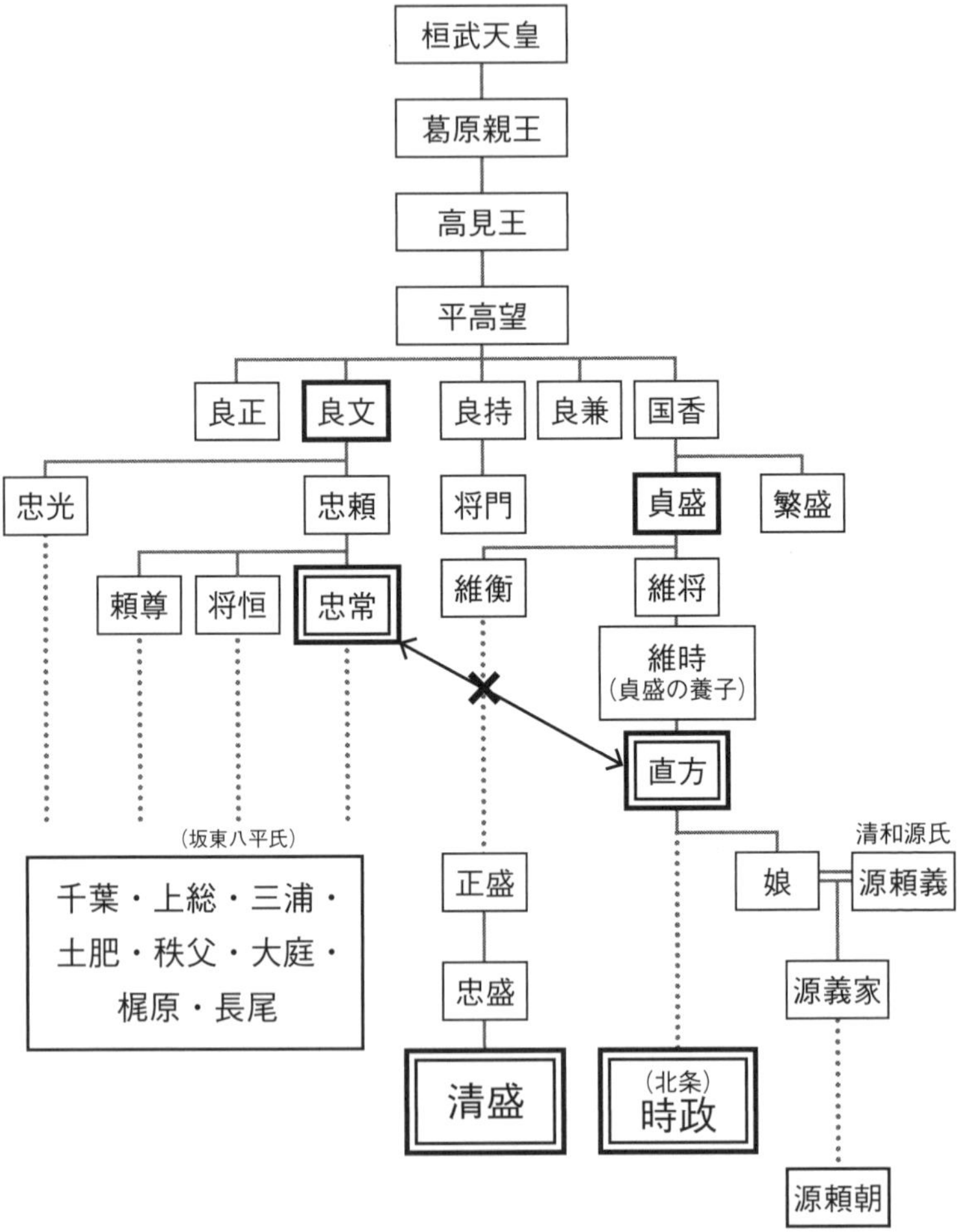
桓武天皇
葛原親王
高見王
平高望
良正
良文
良持
良兼
国香
忠光
忠頼
将門
貞盛
繁盛
頼尊
将恒
忠常
維衡
維将
維時
（貞盛の養子）
直方
（坂東八平氏）
千葉・上総・三浦・
土肥・秩父・大庭・
梶原・長尾
正盛
忠盛
清盛
（北条）
時政
娘
清和源氏
源頼義
源義家
源頼朝

えた。正暦《しょうれき》元年（九九〇）、その道兼を抜いて兄道隆が関白となると、「わが君（道兼）のおんために中関白（道隆《みちたか》）を殺すべし」（『古事談』）と豪語し、剣をもてば誰も止めることはできないと、自身の武技の高さを誇ったほどの男。結局、兄頼光（摂津源氏の祖でその裔が宇治川で平氏軍に敗れた源頼政）に諫《いさ》められ、道隆暗殺をあきらめるものの、関白殺害も辞さずという頼信の豪胆ぶりは関東にも伝わった。

平忠常の乱が勃発した当時、頼信は甲斐国に赴任していた。彼が追捕使に任じられるや、忠常は甲斐の頼信のもとへきて降伏した。直方が二年間も乱を鎮圧できなかったのが嘘のような、あっけない幕切れだった。忠常は頼信に臣従を誓い、都へ護送される途中、美濃で病死する。

この乱をきっかけに頼信は関東へ勢力を扶植《ふしょく》し、のちに「源氏は東国」といわれる基礎をつくる。一方、乱の平定に失敗した平直方の声望は地に落ちた。鎌倉というと「源氏の都」の印象が強いものの、じつをいうと、鎌倉に館をはじめに構えたのは平氏だった。直方は頼信の嫡男頼義《よりよし》にその鎌倉の館を譲り、かつ娘を頼義へ嫁がせて、舅として威光をかろうじて保つしかなかった。北条時政から何代もさかのぼる先祖も源氏の婿をとっていたのである。

京や関東でジリ貧となった直方から北条時政にいたるまで何代経《へ》たのかは系図によって分かれており、よくわからない。ただし時政の時代には伊豆の北条（伊豆の国市）という在所を中心に、狩野川《かのがわ》流域のさほど広くはないエリアに蟠踞《ばんきょ》した小豪族になり下がっていた。頼朝挙兵時に時政が動員した兵力が二〇騎前後以下とする説もある（細川重男著『執権』）。たとえば同じ伊豆の在地武士団である伊東一族（平氏方として活動）が三〇〇騎以上と『吾妻鏡』に記されるから、比較するといかに北条氏がちっぽけな一族であったかがわかるであろう。時政の前半生もよくわかっていない。先祖に「介」（国司の二等官）と称する者がいたから、時政が伊豆国の在庁官人《ざいちょうかんにん》だったのはたしかだろう。しかし地盤とする北条の地の東、蛭ヶ小島《ひるがこじま》（当時は狩野川が還流し、島のように洲をつくっていた）に頼朝が配流されたことで運が開けるのである。

そうして時政やせがれの義時が、先祖（直方）も源氏の棟梁を婿にしていたという話を吹聴し、北条の天下に利用したことは十分に考えられる。

※**藤原秀郷**＝藤原北家の流れをくみ、下野国の地方官として下向した「武門貴族」の一族。平将門を討った功績で下野守に任じられた。子孫は東国に広がり、源氏・平氏と並ぶ武士団の一流となる。

謎17 「政子」と「頼朝」の恋——その一部始終

伊豆の小豪族だった北条氏の栄華の発端は、時政の娘政子が源頼朝へ嫁いだことにはじまる。

永暦元年（一一六〇）三月、平治の乱で父義朝とともに敗れた頼朝が伊豆蛭ヶ小島へ流されてきた。頼朝は一四歳。政子（一一五七～一二二五）は四歳。のちに舅となる時政（一一三七～一二一五）も二〇代前半の若さ。『鎌倉殿の13人』の主役である義時（一一六三～一二二四）いたってはまだ生まれておらず、この三年後に生を享《う》ける。

二人の関係について語る前に配流時代の頼朝の暮らしぶりに触れておこう。流人といっても囚人のような生活ではなく、近隣の武士の子弟と狩りを楽しむこともあった。頼朝の流人生活は、彼の乳母の一人である比企尼の領地である武蔵国比企郡（埼玉県中央部）からの仕送りでまかなわれていた。尼と関係する人々が頼朝の世話をし、その一人が一三人合議制メンバーの一人である安達盛長《あだちもりなが》だとされる。それだけに頼朝は終生、尼の恩を忘れなかった。

また一〇代という若さをおさえきれない年ごろの頼朝は、気になる女性のところへ夜這《よば》いを繰り返した。その流人生活中、頼朝と関係した女性は少なくとも三人確認できる。

一人目は伊豆最大の武士団を率いる伊東祐親《すけちか》（頼朝の挙兵後は平氏方として大庭勢とともに頼朝を石橋山でやぶる）の娘八重《やえ》姫だ。頼朝は彼女との間に一子までもうけた。そこへ大番役を終えて京から伊豆へもどってきた祐親がその顚末《てんまつ》を知って激怒し、頼朝を謀殺しようとした。しかし頼朝は祐親の次男祐清《すけきよ》と親しくしていたので、彼からの密告で事なきをえたという。『吾妻鏡』に記載される話だ。そのような情事はあったのだろう。

もう一人の女性は亀の前。良橋《よしはし》太郎入道という者の娘である。頼朝が政子と結婚し、鎌倉に居をすえたあともひそかに二人の関係はつづいた。ある意味、頼朝がもっとも愛したのが彼女だったのかもしれない。頼朝が彼女を寵愛《ちょうあい》している事実を政子が知り、継母《ままはは》（時政の後妻）の父である牧宗親《まきのむねちか》に彼女の家を破壊させ、こんどはそれを知った頼朝が怒って宗親の髻《もとどり》をきって辱めたという。すさまじい夫婦喧嘩だ。

こうして互いに激しく応酬しあう頼朝と政子がどのように結ばれたのかは正直わからず、伝説に彩られている。たとえば『源平盛衰記』によると、八重姫のことがあったのちに時政の館へ通ううち、その留守中、政子といつしか男女の関係になる。時政はその事実を知って驚いたという。やはり祐親と同じく、頼朝については申し分のない血統ながら、流人である点がひっかかったのだ。そこで時政は、政子を山木兼隆のもとへ嫁にだした。しかし政子はそれが嫌で兼隆のもとを抜けだし、夜通し歩いて伊豆山《いずさん》神社（熱海市）まで逃れた。兼隆はむろん怒ったが、伊豆山神社には僧徒が多く、押し入って奪い返すこともできず、また時政も頼朝の人柄をみこんで婿とした――。かなりドラマティックな展開だが、残念ながら史実とは言いがたい。

まず二人の間の初めての子（長女）の大姫《おおひめ》（※）の生年が治承二年（一一七八）ごろだから、頼朝と政子は遅くともその前年の治承元年ごろに結婚していなくてはならない。ちなみに二人の結婚がその治承元年（鹿ケ谷の陰謀があった年）だとすると、頼朝は三一歳、政子は二一歳。舅の時政は四〇歳になったばかりの働き盛り。義時は一五歳の多感なころだ。

北条政子

以上の話のポイントになるのが山木兼隆だ。彼は頼朝挙兵のターゲットになる人物。平氏に任じられた伊豆の目代だったからだ。伊豆の在庁官人の家である時政にしたら、兼隆が伊豆の目代だからこそ、娘を嫁がせようとしたという文脈になる。ところが兼隆が伊豆の目代に任じられるのは治承四年（一一八〇）の源頼政敗死後。頼政に代わって平時忠（平清盛の義弟）が伊豆の知行国主に、その養子時兼《ときかね》が伊豆守に任じられた人事にともない、もともと伊豆に在国していた山木兼隆が目代に就任した。つまり治承元年の時点で、兼隆は目代に任じられていないのだ。それどころか兼隆は、父との不和が原因で検非違使を解官《げかん》され、伊豆に流されていた。つまり治承元年の時点では、頼朝と同じ流人であった。そんな兼隆へ時政が嫁にだすとは思えないのだ。

おそらく、のちに頼朝が兼隆を襲って挙兵したことから、話の尾ひれがついたのだろう。とはいえ、まったく出鱈目《でたらめ》とはいえない。内容をすべて信じることはできないものの、鎌倉幕府の公式歴史書という位置付けの『吾妻鏡』には、頼朝の流人時代に「芳契《ほうげい》」、すなわち頼朝と政子の喜ばしき結びつきがあったと書かれている。「北条殿（時政）」が平氏を恐れて政子を隠したが、政子はあきらめきれず、「暗夜を迷い、深雨をしのぎ、君（頼朝）の所へいたる」という。政子の激しい恋情《れんじょう》が伝わってくる。

頼朝にしたら、政子は夜這いした幾人かの女性の一人にしかすぎなかったのかもしれない。しかし政子の猛アタックにあい、結婚を承諾したということなのだろう。こうして頼朝の舅になったことで伊豆の小豪族北条時政の運が大いに開かれようとしていた。

※**大姫**＝源義仲の長男義高を婿とするが、義仲が討ち死にしたあと、鎌倉で頼朝に殺され、悲嘆にくれる。その後、頼朝は後鳥羽天皇への入内を図るが、建久八年（一一九七）に死去。大姫というのは名前ではなく、長女という意味の一般名詞。

謎18

時政が画策！　石橋山で敗れた「頼朝軍立て直し」の秘策とは？

治承四年（一一八〇）八月一七日、北条時政が挙兵に及んだ婿の源頼朝を支えようと思った動機は何だったのだろうか。清和源氏の嫡流という血統に期待したというのが通説だが、わずか八〇騎ほどの挙兵では覚束《おぼつか》ない。それだけでは理由にならない。時政の視点で考えてみたい。

①時政が伊豆の在庁官人であった蓋然性《がいぜんせい》は高く、新たに平氏政権によって伊豆の目代に任じられた山木兼隆との確執、あるいは利権をめぐる争いが生じた。

②北条義時の「義」は相模国最大の武士団である三浦一族の通字であり、当時の三浦武士団を率いていた三浦義明《よしあき》、もしくは子息の三浦義澄（一三人合議制メンバー）の意向を受けたと考えられている（細川重男『執権』）。つまり、相模国最大の武士団が挙兵の後ろ盾になっていたから。

③北条氏は伊豆の小豪族ながら、先祖とする平直方（貞盛流桓武平氏の嫡流）は都で検非違使にも任じられていた。その関係で京とのネットワークがあり、時政自身、平氏政権の動揺を敏感に感じ取っていた。

こうした事情があり、婿の挙兵を支えたのではなかろうか。しかし、八月二三日、伊豆から鎌倉をめざした三〇〇騎の頼朝軍は、酒匂川《さかわ》の氾濫《はんらん》で足止めされた三浦勢と合流できなかったこともあって、三〇〇〇余騎の兵を集めた相模の大庭景親ら平氏の軍勢に石橋山（小田原市）で大敗する。このとき時政は、ある決断をする。時政には宗時《むねとき》と義時の息子がいたが、宗時と義時をそれぞれ別のルートで逃走させようと決め、時政は義時と行動をともにした。戦国武将がよく使う手だ。宗時が三郎、義時が四郎だから、宗時が嫡男で義時が次男（ほかに太郎と次郎がいて、早世した可能性はある）と考えられる。もし時政が敵に捕まって殺されても嫡男が生き残れば、北条の家は保たれる。しかし、討ち死にしたのは宗時だった。

この石橋山の敗戦後の二四日、『吾妻鏡』によると、「(時政・義時父子が) 箱根湯坂を経て甲斐国へ赴かんと欲す」とある。富士川の合戦の項で書いたが、平氏の追討軍を退けたのは甲斐源氏の軍勢だった。つまり時政は頼朝の軍勢を立て直すため、以仁王の令旨が下っているはずの甲斐源氏の加勢を求めようとしたのである。

しかし、まずは頼朝の無事を確認するのが先。その日の夜、乱戦ではぐれてしまった頼朝に合流できた時政は二五日、その承諾をえて、「事の由を源氏等に達せんがために甲斐国へ」（『吾妻鏡』）向かおうとした。ところが二七日に時政は土肥《とひ》郷から安房へ向かっているから、思い直して頼朝のもとへ引き返したのだろう。時政は、頼朝の落ち着き先をまず確認してからでないと、武田信義（※）を棟梁とする甲斐源氏との連携がうまくいかないと考え、このときには代理の者をまず甲斐へつかわしたのだ。いったん土肥郷の頼朝のもとへもどった上で二七日に安房へ向かい、頼朝も二八日には真鶴から船に乗って翌二九日に安房に上陸した。

時政らは、こののちしばらく頼朝と行動をともにする。そして当初の目論見どおり、甲斐・駿河へと向かう。義時も父に同行したとみられる。頼朝が安房から上総、下総と進み、ほぼ房総半島を平定したころに頼朝は甲斐へ使いをつかわし、時政を甲斐勢の先達《せんだつ》となし、駿河の黄瀬川宿（沼津市）あたりまで来向《らいこう》してもらいたい旨、伝えている。いつ北条父子が房総半島から甲斐へ向かったのかはわからないが、頼朝が甲斐へ使者を送った九月の半ばすぎにはすでに甲斐入りしていた。

結果、時政は一〇月一八日、二万騎の甲斐源氏勢ともに黄瀬川《きせがわ》に着陣。彼らの奮戦で平氏の追討軍を富士川でやぶり、その合戦を境に平氏の凋落《ちょうらく》がはじまるのである。

※武田信義＝清和源氏の義光《よしみつ》（義家の弟）を祖とする。頼朝から駿河国の守護に任じられたが、頼朝に謀叛を疑われ、嫡男の一条忠頼は謀殺された。

謎19 公家に「北条丸」と侮られた「時政」の政治力

伊豆の小豪族だった北条時政の転機が、婿である源頼朝の成功にあることに変わりはない。ただし、もうひとつ、大きな人脈をえていたことも時政の出世にかかわった。後妻に連なる人脈だ。時政の前妻、つまり政子や義時の実母は伊豆の豪族伊東祐親の娘だが、彼女が他界したのち、後妻に迎えたのが牧の方。時政が後妻を迎える経緯はよくわかっていないものの、娘の政子が頼朝に嫁いだことと無関係ではあるまい。というのも、後妻の牧の方は頼朝につながる女性だからだ。

池禅尼《いけのぜんに》（平清盛の継母）を中心に牧の方と時政の関係をみていこう。禅尼は頼朝の助命を嘆願した女性として知られ、頼朝にとってはいわば恩人。よって禅尼の息子（清盛の異母弟）の平頼盛《よりもり》は平氏の都落ちに同道せず、鎌倉へ招かれ、頼朝に厚遇される。その禅尼の実家は藤原姓の貴族だが、彼女の兄（異説もある）である宗親《むねちか》が甥頼盛の所領である駿河国大岡の牧（沼津市）の代官をつとめ、牧宗親と称していた。牧の方はその娘。つまり池禅尼の姪ということになる。こうして時政は「池禅尼―平頼盛」ラインとつながった。頼盛がこの時代に一大勢力を誇っていた八条院と関係していることから、時政はそのネットワークを活用する立場もえた。また伊豆の在庁官人であった時政は、平氏が台頭する前に伊豆国を知行していた吉田経房《つねふさ》と良好な関係を築いていた。

その時政は舅となった牧宗親が頼朝に辱められた際に抗議の意味で伊豆へ引きあげ、頼朝と軋轢《あつれき》を生じている。それでも平氏滅亡後の文治元年（一一八五）、京都守護として都へ派遣されたのは、頼朝にその能力を買われていたのはむろんのこと、いわゆる荒くれ者のイメージが強い関東武士の中で、彼の人脈や桓武平氏嫡流をくむという系譜から雅《みやび》なムードを感じていたからだろう。そうはいっても都では、九条兼実の日記『玉葉』に「田舎の者」「珍物」と評される武骨者である。これまで頼朝の代官として京に駐留したのは範頼・義経という頼朝の兄弟だった。そこへ、どういう経歴の者かも知れぬ時政が京の治安にあたることになったのだ。兼実は『玉葉』で時政を「北条丸」と呼び、侮っている。「丸」というのは主に元服前の者に付ける名称。つまり兼実は、時政を一人前の男として扱っていなかったわけだ。

だが、侮りは恐れの裏返しでもある。後白河法皇は義経に頼朝追討の宣旨を与えたが、その義経が九州へ向かう途次、暴風雨に遭って難破し、挙兵は失敗に終わった。そこへ頼朝の代官として、時政が京へ乗りこんできたのである。朝廷や院では戦々恐々だった。事実、一一月二八日付の『玉葉』において、時政が例の吉田経房と会ったことを伝え、時政が朝廷に重大な事案を提案してくるのではないかと警戒した。実際に時政はこのとき五畿・山陰・山陽・南海・西海諸国に国地頭の設置を求め、それらの諸国から反別五升の兵粮米の徴収などを要請した。義経を追討するための費用に充てるためであった。

当時、娘の政子と頼朝の間に待望の男児が生まれ、四歳になっていた。のちの二代将軍源頼家だ。頼朝の死後、頼家は北条一族と対立するものの、このときにはまだ幼児であり、時政にとって外孫にあたる。義経が頼朝にとって代わられたら、みずからの政治的立場を失う。だから、時政は義経追討に積極的だった。一方の頼朝は、院庁や朝廷をはばかって兵粮米の徴収を断念するよう求め、時政との間に軋轢が生じた。結局、頼朝の意思を突っぱねかねない強硬派の時政は翌文治二年三月、頼朝に鎌倉召喚を命じられる。頼朝にとっては何かと口うるさい舅だったことがわかる。

一方、官位の推薦を一元化した頼朝は、みずからが知行国主になった国々について、弟の範頼を三河守、義経を伊予守とするなど、源氏の一族（門葉《もんよう》）やそれに準じる者（准門葉）を国守に推薦している。また幕府官僚の大江広元のほか、下河辺《しもこうべ》行平《ゆきひら》や結城朝光が准門葉として扱われているのに対して、時政は舅でありながら、准門葉にも列せられず、頼朝存命の間は無位無官であった。京都での一件が尾を引いたのか、どちらかというと頼朝に冷遇されたとみてよさそうだ。

ところが頼朝が亡くなると、風向きが変わりはじめる。このとき通説は、時政が新たな鎌倉殿頼家の誕生によって、その舅である比企一族の台頭を極端に恐れ、権力欲にかられた時政がやがて頼家の将軍職を奪い取って三代将軍実朝を擁立したという文脈で語りたがる。しかし、その悪評は政子と義時がかぶるべきものであって、時政についてはあたらない。時政が比企氏の滅亡と頼家の追放、さらには暗殺という一連の陰謀に絡んでいるのは事実ながら、陰謀を主導したのは政子と義時だと考えている（196ページ参照）。

時政と頼家の関係を語る上で重要な出来事は、頼朝が亡くなった翌正治二年（一二〇〇）四月一日に起きた。時政が従五位下遠江守に叙せられたのだ。源氏の門葉と准門葉を除き、国守となったのは時政が初めて。快挙といっていい。頼朝時代に冷遇された時政が一転、御家人筆頭ともいうべき立場に躍りでたのである。もちろん頼家の意思であろう。彼は舅の比企一族をバックボーンにしつつも、外祖父にあたる時政を政権内に取りこもうとしていたのである。

謎20 「時政」は老いらくの恋におぼれたか？

源頼朝が逝去して間もない正治元年（一一九九）四月一二日、『吾妻鏡』によると、あらたな鎌倉殿となった二代将軍頼家の専断権が停止された。幕府の大きな役割は、御家人の土地をめぐる紛争の解決にあるが、幕府への訴訟はすべて幕府の幹部一三名の合議機関で採決することに定められた。こうして幕府は頼朝の専制政治から一三人の合議制による集団指導体制に移行したとされる。大河ドラマ『鎌倉殿の13人』の「一三人」（北条時政・義時父子、比企能員《ひきよしかず》、安達盛長、和田義盛、梶原景時、三浦義澄、大江広元、三善康信、中原親能《なかはらちかよし》、二階堂行政《にかいどうゆきまさ》、足立遠元、八田《はった》知家《ともいえ》）はこのときのメンバーを指す。

たしかに、あらたな鎌倉殿頼家は訴訟を解決するにあたり、乱暴な判断が目立ったようだ。頼家の裁きについては、こんな話がある。問注所（幕府の裁判処理機関）執事の三善康信が土地の境界争いで頼家に裁断を仰ぐと、図面の真ん中に一本の線を引き、これで原告・被告とも痛み分けするよう指示したという。そんなアバウトな裁きで双方とも納得するはずがない。だからといって鎌倉殿が代替わりしたばかりのころに、鎌倉殿のもっとも重要な権限を奪い取るというのも乱暴な話だ。『吾妻鏡』が頼家を冷ややかにみていることもあり、最近では「一三人合議制」といっても、頼家に訴訟の最終判断を仰ぐ前にどの案件を取り次ぐべきか合議する訴訟取次を一三人に限定した制約的な合議制だったという論点も浮上している。

しかし鎌倉殿の専断権の一部が制限されたのは、事実だろう。一方、頼家は時政を厚遇し、政権の支えになってくれることを期待した。時政も外孫にあたる頼家を支える覚悟はあったのだ。とはいっても頼家の舅である比企能員は気になる存在であった。

北条時政

能員は源頼朝の乳母だった比企尼の甥にあたり、娘の若狭局《わかさのつぼね》は二代将軍源頼家の妻。たしかに強力なライバル。こうして時政と能員が互いに牽制しあう状況下の建仁三年（一二〇三）七月二〇日に将軍頼家が急病に倒れた。将軍が急逝した場合に備え、当然、次の将軍職継承や将軍家の財産をどうするかについて八月二七日に幕府幹部の話し合いがもたれた。その結果、頼家の嫡男一幡《いちまん》に日本国惣守護職と関東二八か国の惣地頭職を譲り、頼家の弟千幡《せんまん》（実朝）に関西三八か国の惣地頭職が分与されることになった。将軍が御家人に「守護職」や「地頭職」を与え、それゆえ御家人は鎌倉殿である将軍への忠誠を誓うわけで、それこそが封建制度の根幹、かつ幕府の根本。だがそれは、将軍が日本国惣守護職・惣地頭職という守護地頭設置の権限をもっていたからにほかならない。その意味でいうと、一幡に日本国惣守護職と関東の惣地頭職が譲られた結果から、次の将軍が一幡に決したように映る。しかし惣地頭職は分割され、半分は頼家の弟千幡が相続する取り決めとなった。

これは、比企氏系の将軍が誕生することはやむなしとしても、時政がその体制に一本のくさびを打ちこんだことを意味する。千幡に関西三八か国の惣地頭職が分割される限り、一幡が将軍になっても、完全な形でその権限を実行できず、千幡は副将軍という地位をえることになる。千幡の乳母は時政の娘阿波局（※）である。当時の慣習として乳母の夫や父には、外祖父にひけをとらない影響力があった。しかも、このとき阿波局の夫が謀叛の罪を着せられて亡くなっており、時政が乳母父の扱いになっていた。

一幡と千幡の扱いは、おそらく時政と能員の妥協の産物ではなかろうか。ところが、このの ち比企氏は北条氏に滅ぼされる。いわば時政と能員が「将軍・副将軍」体制で合意していた内容に反発する誰かがいたことになる。それが能員と合意に達していた時政ではないのはたしかだ。いったい誰だろう。

北条政子と義時の姉弟をおいて他には考えられないのではないか。政子にとって一幡は実の孫にあたるものの、その影響力では比企氏にはかなわない。義時もその姉に従った。つまり北条氏が比企氏を滅ぼした比企の乱は、政子と義時主導でなされ、時政は娘と次男に引っ張られた印象が否めない。建仁《けんにん》三年（一二〇三）九月の比企の乱の二年後の元久《げんきゅう》二年（一二〇五）閏七月、時政は義時らによってあえなく政界を追われてしまう。比企の乱までは曲がりなりにも一体化していた「時政・政子・義時」の関係がそこで崩れ、時政は次男（義時）と娘（政子）との対立を余儀なくされていったのだ。

時政失脚の詳細は、比企の乱の詳細とともに第五章で述べるが、失脚にいたる理由は大きくみて二つある。ひとつは将軍となった千幡、あらため源実朝の乳母夫《めのとぶ》であった時政が名越の自邸に将軍を住まわせ、将軍の名を借り、御教書《みきょうしょ》をだしはじめたこと。「鎌倉殿の仰せにより」という文言をいれて、御家人へ下知する書状だ。つまり、将軍を擁した時政が幕政を思うがままに動かせることを意味する。娘の政子がそんな父を警戒し、また義時もその姉に従った。

そして、もうひとつが時政の老いらくの恋にあるという説。時政は、政子が頼朝に嫁いだことによって牧氏と関係ができ、挙兵のころ、後妻を迎えたと考えられる。それが牧の方。頼朝挙兵時の時政の年齢は四〇代前半だが、『愚管抄』に「時正（政）、若き妻をもうけて……」と記されるとおり、かなりの年齢差があったのだろう。当時の「若い」という概念から考え、時政の「若き妻」（牧の方）は一〇代後半と推察できる。失脚の年に六〇歳の大台に達していた時政に対して、後妻はまだまだ十分に色香を残す年齢だった。

時政と牧の方の間に娘が生まれ、彼女は平賀朝雅《ひらがともまさ》へ嫁いでいた。朝雅は、源義光（源義家の弟）の流れをくむ清和源氏一族で頼朝に重用され、比企の乱でも手柄を立てた。源氏の一族である彼には将軍になる資格がある。三代将軍実朝がこの世からいなくなれば、朝雅が四代将軍になる可能性もあった。牧の方が朝雅を四代将軍とするため、実朝殺害の陰謀をめぐらせたというのが通説だ。しかも、実朝は時政の名越邸にいる。たしかにそのチャンスはいくらでもあった。『保暦間記』によると、時政もこの企てを知らないはずはなかったが、「耄碌《もうろく》したせいか」、年のはなれた後妻の企てに加担したという。ところが、この陰謀は露見し、時政も出家して伊豆の北条の地へ身を引かざるをえなくなった。同書が書いたとおり、時政が耄碌してしまい、悪妻（牧の方）の口車に乗り、将軍暗殺を企んだのだろうか。政子・義時陣営の迅速な対応をみると、時政と牧の方は政子と義時が仕掛けた罠にはまった印象は否めない（これも第五章で詳述）。

※**阿波局**＝北条時政の娘で政子の妹。源頼朝の異母弟（源義経の実兄）である阿野全成《あのぜんじょう》（159ページ参照）に嫁いだ。建仁三年（一二〇三）に夫の全成が謀叛の疑いで殺されたが、彼女は政子に庇護された。

謎21 「尼将軍」誕生の瞬間を追う！

北条政子は「尼将軍」と呼ばれる。比企の乱や北条時政失脚事件に彼女の影がちらつき、黒幕としての政子の姿をみることはできる。また次男の源実朝が幼くして将軍になった後、実子のない実朝の後継に宮将軍（皇族出身の将軍）を想定し、後鳥羽上皇側との交渉のために上洛したこともあった（交渉はうまくいったが、最後は上皇の反対にあって話は頓挫《とんざ》）。

とくに実朝が暗殺され、承久《じょうきゅう》元年（一二一九）七月にまだ二歳だった三寅《みとら》（のちの四代将軍九条頼経《よりつね》）を鎌倉に迎えてから、幕府の政治は政子と義時の二人に主導されるようになった。政子が嘉禄《かろく》元年（一二二五）に亡くなるまで、幼い三寅に代わって彼女が事実上の鎌倉殿となる。「尼将軍」と呼ばれ、彼女を四代将軍に擬する論もある。事実、政子が亡くなるのを待って、その翌年、三寅あらため頼経が正式に将軍宣下を受けるのである。

以上、事実関係を淡々と述べるだけでは政子がいかに政治家にむいていたか、その素顔がみえてこない。やはり、「尼将軍」とまで呼ばれるからには、彼女の政治力がいかんなく発揮され、かつ、より感動的な誕生秘話が必要だ。彼女にはその秘話がある。二歳の三寅が鎌倉入りした二年後、政子五五歳の時の逸話である。

承久三年（一二二一）五月一四日、後鳥羽上皇が諸国の守護や地頭に対して院宣と官宣旨を発した。それによると、「（北条）義時が幼少の将軍（※）の名を借りて天下を乱し、朝廷の権威をおろそかにしている」、「したがって諸国の守護や地頭は院庁に参じよ」という内容になっている。承久の乱の勃発である。

幕府執権北条義時にとって、これほどの危機はない。幕府に従うべき御家人の一部が上皇方となり、しかも上皇方は「義時が幼少の将軍の名を借りて」と北条一族にとって、実に痛いところを的確についている。義時は執権の職にあるとはいえ、鎌倉殿の配下として、本来は他の御家人と対等の立場にすぎないからだ。ここで対応を誤ると、支配体制が崩壊しかねない。

そこで一九日に北条一族は政子の邸に集まり、政子は招集した御家人らを前に大演説をぶつ。

これが史上有名な政子の「最後の詞《ことば》」。史料によって多少の差異はあるものの、内容はほぼ共通している。まず『吾妻鏡』には、「みな、これを（尼の）最後の詞だと思い、聞いてほしい。故右大将（源頼朝）軍、朝敵を征罰して関東を草創してよりこのかた、官位といい、俸禄《ほうろく》といい、その恩は既に山より高く、海より深い（中略）しかるにいま、非義の綸旨《りんじ》が下った。名を惜しむ者は早く秀康（藤原）、（三浦）胤義《たねよし》（上皇方の武士）らを討ち取って三代の将軍（頼朝・頼家・実朝）の遺跡《ゆいせき》をまっとうすべし」とある。

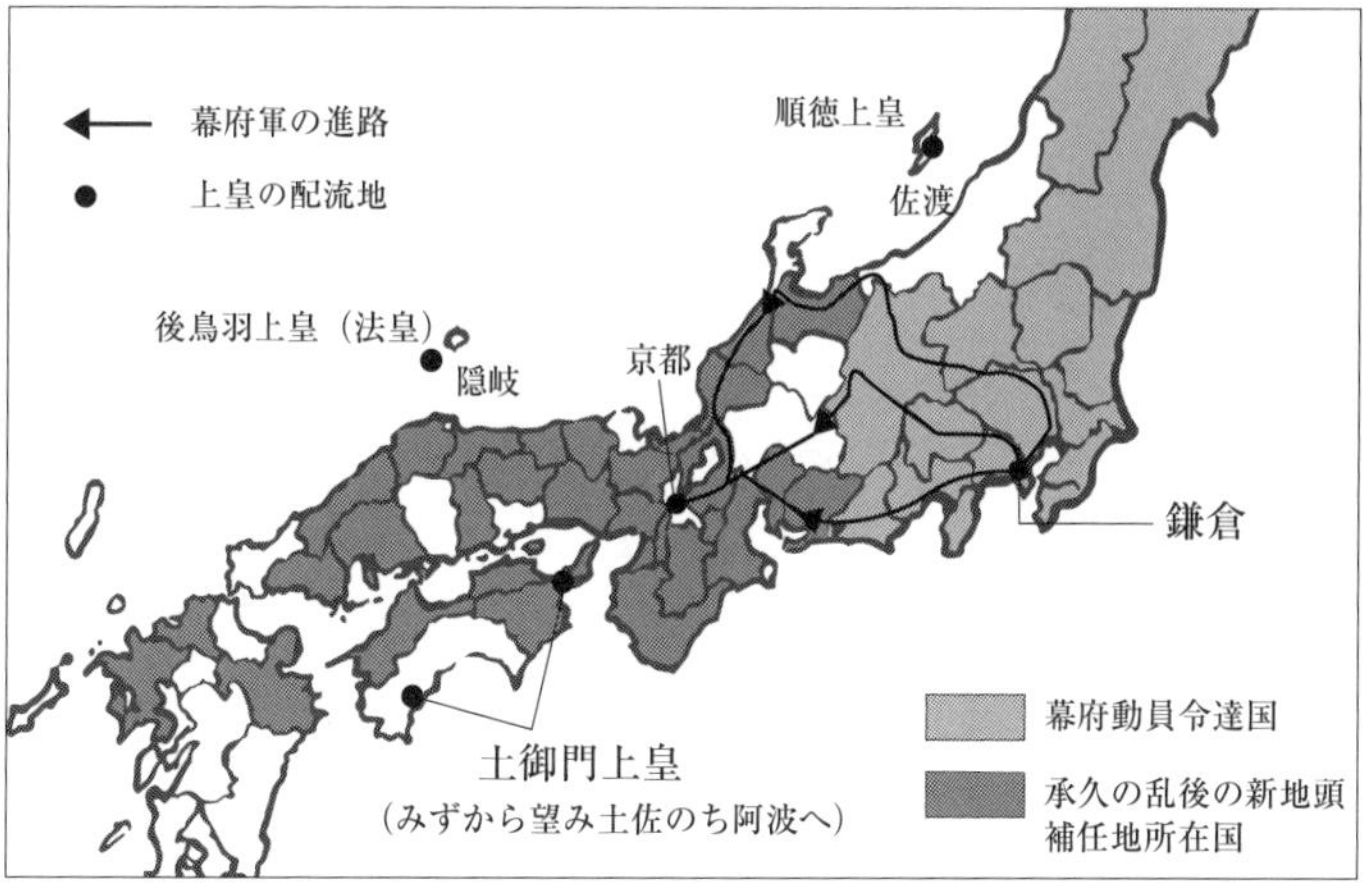

また、より過激な政子のアジ（扇動）が別の史料に掲載されている。政子は「三代将軍の墓所を西国の輩《ともがら》どもの馬の蹄《ひづめ》に懸けるくらいならもはや生きていても仕方がない。まず、この尼（政子）を害してから君（後鳥羽上皇方）へ参ずべし」といった。

源氏将軍三代の「恩」を北条一族への忠誠心にすり替え、上皇方の「義時が幼少の将軍の名を借りて」という批判を見事逆転させた政子の政治的センスを感じさせる名演説であった。複数の史料が取り上げていることから、事実と考えられる。結果、この演説が御家人らを奮い立たせ、幕府は開創後、最大の危機を免れた。政子が「尼将軍」といわれるのはひとえにこの名演説にあるといえよう。

※**幼少の将軍**＝九条頼経のこと。摂政・九条道家の子。源頼朝の遠縁にあたる。

謎22 幕府執権「北条一族」が「将軍」にならなかった訳

執権は「幕府の政務を統括する者」と解説される。それゆえ北条氏が執権を世襲した鎌倉幕府は「北条幕府」とも呼ばれる。そこで素朴な疑問が浮かびあがる。北条氏はなぜ「将軍」にならなかったのか。それとも、なろうとしたが、なれなかったのか。

まず「執権」という職名の謎についてみていこう。執権は政所の別当（長官）の別称だとする説が根強く、建仁三年（一二〇三）一〇月九日に三代将軍源実朝の政所吉書始（仕事はじめ）の儀式が行われた際、『吾妻鏡』に「別当遠州（北条時政）」とある。彼がこのとき、幕府の政務機関である政所の別当についた事実をもって、時政を初代執権としている。それでは初代政所の別当である大江広元（時政が別当になったあともその職にあった）という幕府官僚が執権と呼ばれないのはなぜなのか。執権には「政所別当」の職務以上の権限が備わっていたからだろう。

時政が政所別当になった当時は、北条一族のライバルである比企氏が葬り去られ、二代将軍頼家は出家して「一三人合議制」のメンバーの中で北条一族の優位性が確立しようとしていたころ。それまで政所の下文《くだしぶみ》が主な幕府の行政文書だったところ、名越の自邸に将軍実朝を住まわせ、時政が将軍の名を借り、御教書をだしはじめていた。それゆえ、時政が政所別当になった時代とそれ以前では格がちがう。

しかし当時、幕府内で執権という職が確定していたとはいえず、まだ執権という言葉も幕府内で使われていなかった。

ところが、二年後に時政が失脚し、北条義時が政所別当を引き継いだあたりから、幕府の行政文書も義時個人の下知状が一般化する。下知状とは、鎌倉殿である将軍の意を奉じて家臣が発給する文書だ。建暦《けんりゃく》三年（一二一三）に義時が和田義盛を滅ぼして侍所別当を兼ねると、いわば〝北条の天下〟が定まった。その意味でいうと義時こそが初代執権にふさわしく、鎌倉時代末期につくられた幕府の法律書『沙汰未練書《さたみれんしょ》』に「執権とは政務の御代官」と記されるようになる。

以上、北条一族は執権を世襲したとはいえ、あくまでそれは「政務の御代官」であったといえる。誰の「御代官」であるかといえば、それは「鎌倉殿」である将軍をおいてほかにはない。代官である北条一族がいくら幕府の権力を掌握したとしても、将軍にはなれない。したがって北条一族は将軍に「ならなかった」のではなくて、「なれなかった」理由といえる。

しかも、二代執権泰時（一般には三代執権とされる）は嘉禄《かろく》元年（一二二五）に合議制を発展させ、幕府内に「評定所」を開設した。政所別当である執権のほか、政所執事や問注所執事らが

鎌倉幕府の機構

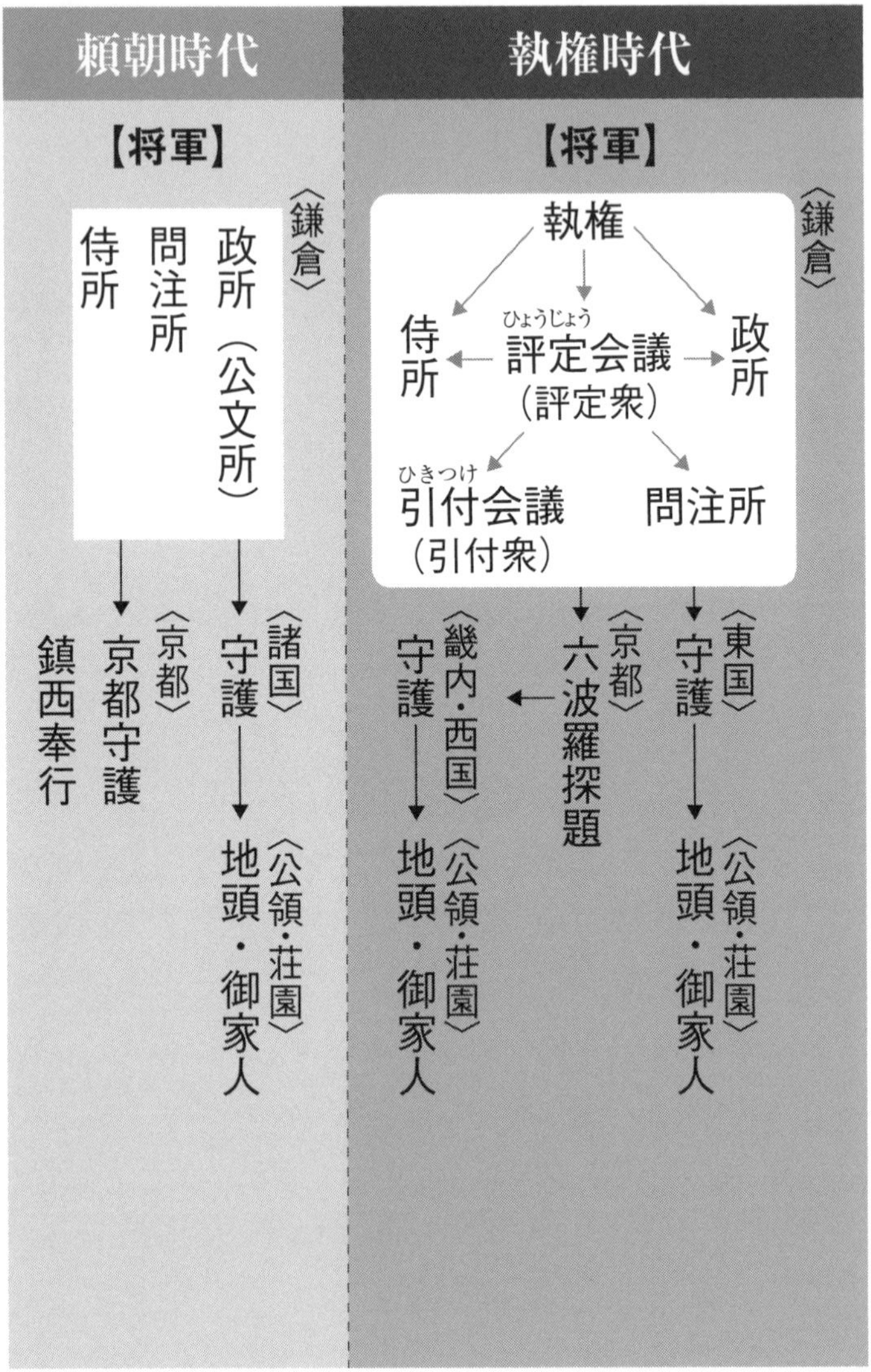
頼朝時代
執権時代
【将軍】
〈鎌倉〉
政所（公文所）
問注所
侍所
〈諸国〉
守護
〈公領・荘園〉
地頭・御家人
〈京都〉
京都守護
鎮西奉行
【将軍】
〈鎌倉〉
執権
侍所
評定《ひょうじょう》会議
（評定衆）
政所
引付《ひきつけ》会議
（引付衆）
問注所
〈東国〉
守護
〈公領・荘園〉
地頭・御家人
〈京都〉
六波羅探題
〈畿内・西国〉
守護
〈公領・荘園〉
地頭・御家人

評定衆を構成し、執権はいわば合議制の議長的な役割となった。これが「執権政治」の実態かつ、執権一族北条氏の限界といえる。ところが、その限界を超えるときがやってきた。

康元《こうげん》元年（一二五六）一一月、北条時宗《ときむね》の父で執権だった時頼《ときより》（五代もしくは四代執権）は赤痢にかかって死を覚悟し、家督をわずか六歳の時宗に譲った。だが六歳の時宗に執権の大役がつとまるはずはなく、執権には時宗の母方の叔父である北条長時がついた。ところが予想に反して時頼は奇跡的に回復し、そののち、ふたたび政治を担うようになる。

このとき時頼は執権としてではなく、北条嫡流家の当主、つまり得宗《とくそう》（124ページ参照）としていわゆる院政を敷いた。その得宗家には公文所と呼ばれる家政機関があり、御内人《みうちびと》が得宗の家政にあたっていた。御内人の中には長崎氏などの北条一族の者もいたが、もともと御家人として北条氏の同僚だった家柄の者が北条氏の勢力拡大とともに得宗家の被官になる者もあらわれてきていた。こうして北条嫡流たる得宗家の家政機関は、鎌倉幕府の中にあって、〝もうひとつの幕府〟といえる存在になっていった。

また執権といえども、評定衆のトップとして合議制に則《のっと》った政治をおこなうしかなかったのに対して、得宗家による政治では、得宗家のトップやその御内人らわずか数名の「深秘《しんぴ》の御沙汰」と呼ばれる寄合で幕府の方針が決定されるようになった。それが専制政治を引き起こした。

こうして、たとえ執権であっても得宗家の意向には逆らえなくなった。鎌倉幕府を滅亡に至らせた北条高時が執権を退いても権力を維持したのは彼が得宗だったからだ。こうなったら、もはや執権政治ではない。よってこの政治システムは「得宗専制政治」と呼ばれる。

時宗の代に元寇《げんこう》（蒙古襲来）という二回にわたる国難に直面し、即断即決するには、この密室政治が最適な政治システムだったという面もある。

こうして執権政治の限界を打破し、北条一族は幕府そのものの権力を手中にした。つまり北条一族はもはや、将軍に「なる必要がなくなった」のである。

第三章

北条義時の野望の謎

謎23

『吾妻鏡』が粉飾した北条義時の「実像」

北条義時（一一六三～一二二四）は『鎌倉殿の13人』の主役。しかし、人物としての評価は低い。とくに戦前には、承久の乱（一二二一年）で後鳥羽上皇らを配流した悪人として糾弾の対象ですらあった。そのことは、鎌倉時代の高僧で華厳宗《けごん》（大本山・東大寺）中興の祖となる明《みょう》恵《え》上人（明恵房高弁《こうべん》）と北条泰時（義時の嫡男でのちの執権）との逸話の中に如実に表れている。

泰時は深く明恵上人に帰依した一人で、その原因をつくった逸話に次のようなものがある。承久の乱の際、京の栂尾《とがのお》・高山寺《こうざんじ》（右京区）に住《じゅう》していた明恵上人のもとを泰時が訪ねたところ、幕府が後鳥羽上皇らを配流したことに明恵が「かようなことをしていいと思うのなら、即刻この国から出ていかれよ！」と怒りをぶつけた。しかし、そのあと「道理に背く貴殿ではないのに、どうしてそのようなことをしたのか、いたわしく存ずる」と優しく諭すと、泰時は涙を流し、鼻水をすすりながら、「それがしは父上（義時）に翻意いただくよう言葉を尽くしましたが、聞き入れていただけませんでした」と弁解したという。以上、『明恵上人伝記』という南北朝のころに成立した史料に掲載されている話である。史実かどうかは定かでないものの、泰時が

承久記絵巻の一部

上皇配流の責任を父義時に押しつけ、義時悪人説の根拠のひとつになっている。

　一方、すでに書いてきたとおり、北条氏の庇護下《ひごか》で編まれた『吾妻鏡』には、まるで別の義時像が登場する。たとえば、三代将軍源実朝の勘気をこうむった近習《きんじゅう》の東重胤《あずましげたね》（千葉氏庶流）と将軍の間をとりもったり、吾妻《あづま》助光という者が弓の達者（屋根にとまった青鷺《あおさぎ》の眼に矢羽をかすめて射落とすほどの腕前）が出仕するきっかけをつくったりと面倒見がよく、部下の信頼厚い人物として描かれているのである。

しかし、『吾妻鏡』の記述をすべて鵜呑《うの》みにはできない。もちろん、治世者として時には人に温情を示すことも必要だろうが、彼の性格について述べる史料は乏しい。

　ところが、一時行方不明になっていた『承久記絵巻』が二〇二〇年一月に個人宅で約八〇年ぶりに発見されたと、同年一〇月二六日に京都文化博物館が発表した。絵巻には幕府の御家人らが義時のもとに集まるシーンが描かれている。これまで義時の肖像画は残されておらず、容姿を語る上で希少な史料となった。その絵巻に描かれる義時の容姿をあえて歴史に詳しくない知人にみせた。義時という人物の通説的な印象や歴史の先入観にとらわれない分、肖像画から受ける純粋なイメージを聞けると思ったからだ。すると「何だか厳しそうな人。いまでいうとパワハラタイプの上司かな……」と語っていた。

彼の生涯を追うと、どんなことをしてでも目的を遂げるという強い意志が感じられる。それだけに権謀術数《けんぼうじゅっすう》にたけ、冷徹怜悧な政治家というイメージがつきまとうが、絵巻に描かれる義時はまさに、その冷徹怜悧な政治家の姿だったのだ。

そうでなければ、上皇配流という決断をできなかったであろう。と同時に、果断な処置によって朝廷に対する幕府の優位性を確立させた（220ページ参照）。頼朝が開創した幕府を発展確立させた功労者の一人が義時であったのはたしかだろう。

謎24 「義時」は北条氏ではなかった！

歴史学者の細川重男氏が『吾妻鏡』から北条義時に関係する箇所を調べたところ、「北条」の氏名《うじめい》で記載されたのが二三例だったのに対して、「江間《えま》」の氏名での登場が五九例と圧倒的に多くあった。「北条」の場合も、父時政や兄宗時との連記で「同四郎」と書かれたケースを含み、単独で「北条」と記された例はわずかに一七例だったという（『執権』）。すなわち、義時は正確には「江間四郎義時」というべきであって、「北条義時」ではないという。

それでは「江間」とは何なのか。北条氏発祥の地は伊豆国田方郡北条だが、その隣接地に江間という在所がある。近くには「長崎」もあり、鎌倉時代半ば以降、その地出身の長崎氏が「得宗専制政治」下にあって幕府を実質的に動かし、御家人らによる長崎氏専横への反発が幕府を滅ぼすことになった。もともと長崎氏は北条氏の庶流にあたり、北条氏嫡流（得宗家）の御内人（家臣）だった。つまり、北条氏の嫡流は兄宗時であり、四郎義時は長崎氏と同じく、北条庶氏である「江間」氏の祖となり、兄が存命ならその家臣となる運命だった。ところが、その兄が石橋山の合戦で討ち死にする。ただそれでも義時が即、北条氏の嫡流とはならなかったという。

細川氏によると、義時の弟である政範《まさのり》が嫡男の扱いを受けていた。彼は時政と牧の方の間に生まれた末っ子。時政がいまでいう〝年の差婚〟で迎えた若い妻を愛し、その後妻の生んだ子を嫡男にしようとしたのはうなずける。『吾妻鏡』によると、政範は元久元年（一二〇四）一一月に一六歳で亡くなるが、官位は従五位下で左馬権助《さまのごんのすけ》に任じられていた。義時もその年の三月に従五位下に叙勲され、相模守に任じられた。ただし義時の場合、四二歳の壮年期にあたり、それまでの活躍が評価されてのものだ。一方、政範の一六歳という年齢を考えると、破格の扱いという指摘もまたうなずける。

ところで細川氏は政範とは別にもう一人、時政が義時の次男である朝時《ともとき》に跡を継がせようとしていたとも説いている。

義時の妻の一人に、源頼朝の紹介で正室に迎えた比企朝宗《ともむね》の娘（姫前《ひめのまえ》という）がいて、その娘が朝時を生んだ。朝時は祖父時政の鎌倉名越の邸を継承しており、「時政―朝時」という継承が予定されていたという。朝時の異母兄である泰時《やすとき》（義時の長男）も『吾妻鏡』にすべて「江間」の氏名で登場するというから、泰時はあくまで江間氏の嫡流という立場なのであろう。朝時が時政の養子になって北条嫡流を継ぐという構想だったと考えられる（系図参照）。

朝時の母方の祖父朝宗は、義時らに滅ぼされた比企一族で頼朝の乳母だった比企の尼の子。

北条一族閨閥図

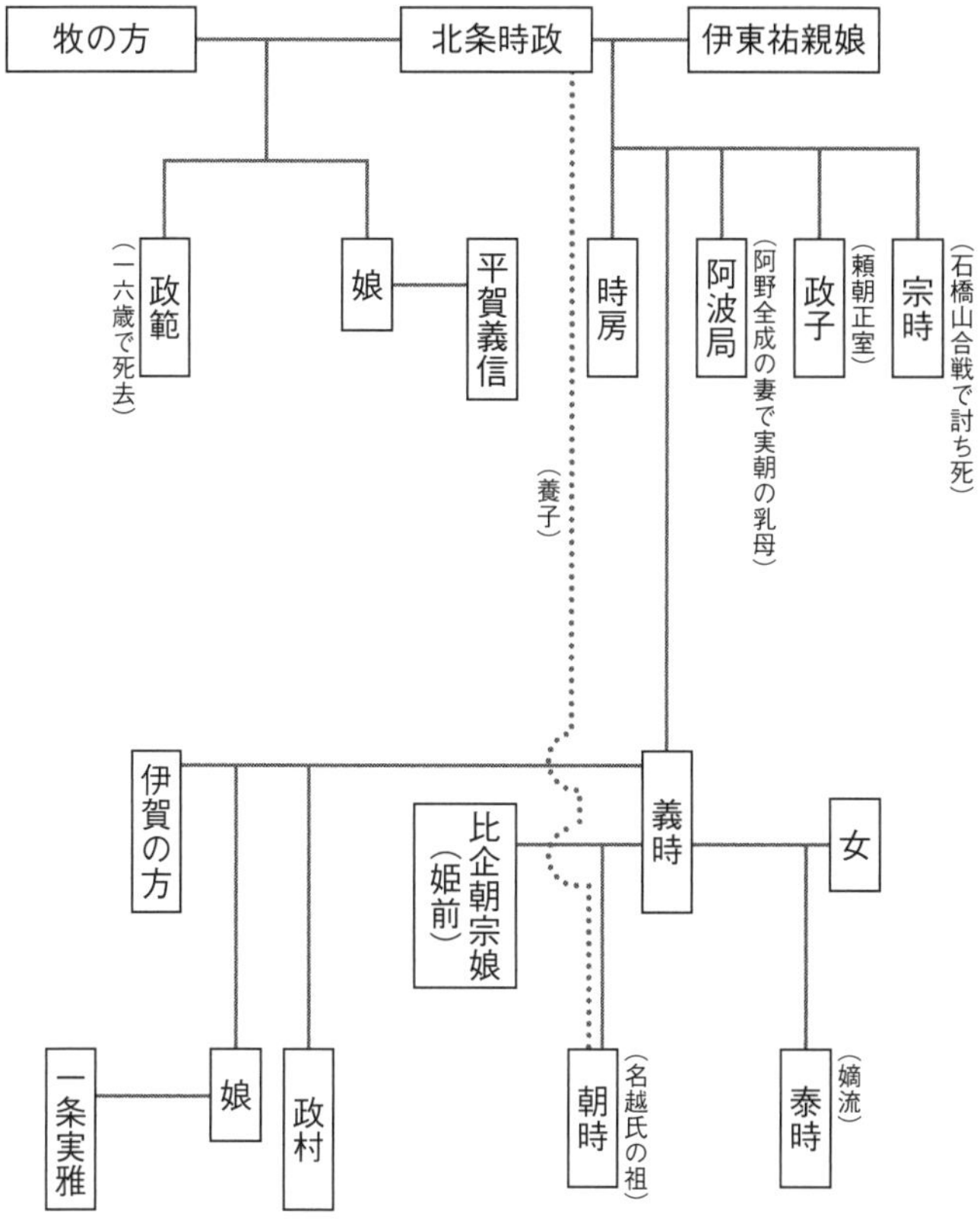
牧の方
北条時政
伊東祐親娘
政範
（一六歳で死去）
娘
平賀義信
（養子）
時房
阿波局
（阿野全成の妻で実朝の乳母）
政子
（頼朝正室）
宗時
（石橋山合戦で討ち死）
伊賀の方
比企朝宗娘（姫前）
義時
女
一条実雅
娘
政村
朝時
（名越氏の祖）
泰時
（嫡流）

「承久の乱」鮮やか絵巻　80年ぶり発見

鎌倉時代の「承久の乱」を描いた現存唯一の絵巻とされる「承久記絵巻」が、約80年ぶりに見つかった。京都文化博物館（京都市）が26日、発表した。江戸時代に作られたとみられ、個人宅で保管されていた。

承久の乱は、鎌倉幕府執権の北条義時を相手に、後鳥羽上皇が1221（承久3）年に起こした兵乱。上皇側が敗れ、隠岐《おき》（島根県）に流された。幕府はこれを機に六波羅探題を京都に置いて朝廷の監視を強め、西国支配を進めた。

絵巻には、軍記「承久記」の本文と、義時のもとに武士が集まる場面や、宇治川合戦で上皇側が敗走する場面など全36場面が描かれている。ほかに肖像画が残っていない義時の顔も描かれている。全6巻で、1巻の大きさは横約15㍍、縦約50㌢。紙の質などから、江戸時代初期に作られたとみられるという。

もともとは和歌山県高野町の寺院・龍光院が所蔵していた。1939年に現在の京都国立博物館で展示された後に行方不明となり、今年1月、個人宅で発見。箱書きや内容から龍光院の絵巻と確認した。絵巻は来春、京都文化博物館の特別展で公開される。（大村治郎）

㊤「承久記絵巻」に描かれた北条義時（左上）のもとに集まる武士たち＝筋野健太撮影㊦「承久記絵巻」巻4（部分）。宇治川合戦の場面で、川の左側に陣取るのが後鳥羽上皇側、右側が鎌倉幕府側だという＝個人蔵、京都文化博物館提供

承久記絵巻発見を伝える2020年10月27日の朝日新聞

時政がその事件の際に主導的な役割を果たさず、むしろ比企能員との妥協で政治を進めようとしていたという裏付けともなろう。時政は比企氏の血を継ぐ朝時を嫡流にすえようとしたが、義時はそれに反発し、姉の政子と組み、父の時政をなだめすかして比企氏を滅ぼした面もあったのではなかろうか。乱後の朝宗の消息は不明だが、義時の正室姫前は離別され、彼女は公家の歌人の源具親《ともちか》に再嫁する。

その事件はある意味、義時が北条嫡流となるための一種のクーデターだったと考えられる。こうして北条の嫡流でなかった「江間四郎義時」が父時政の失脚によって、完全に北条の嫡流家を乗っ取ったのである。かたや、時政という後ろ盾を失くした朝時は北条の嫡流を継ぐことができず、庶流である名

越氏の祖となる。その名越氏は、義時が乗っ取った形の宗家（嫡流家）に反抗的な態度を示し、宮騒動（※1）・二月騒動（※2）で宗家にたびたび謀叛を企てた。

一方、義時が継いだ宗家は「得宗家」と呼ばれ、彼の裔《すえ》が「得宗専制政治」をおこない、幕府をも乗っ取るのである。

※**1 宮騒動**＝源氏が三代で滅び、嘉禄元年（一二二五）に政子が亡くなると、摂関家の九条家から鎌倉入りしていた三寅は元服して頼経と称し、翌年、正式に征夷大将軍に任命された。その頼経は寛元二年（一二四四）、子の頼嗣に将軍職を譲ったが、同四年（一二四六）に北条時頼が執権となると、北条庶子家の名越光時が頼経に接近し、執権の地位を奪おうとする事件が起こり、頼経は京都に追放された。

※**2 二月騒動**＝文永九年（一二七二）二月に起きた北条氏一族の内紛。執権の北条時宗は、異母兄で六波羅探題南方の地位にあった北条時輔が謀反を企てたとしてその異母兄を討った。また、時輔とともに時宗に不満を抱いていた名越教時らも鎌倉で討たれた。

謎25 執権より偉い「得宗」の謎

鎌倉時代、北条一族は執権の座を手放さず、その政治体制を執権政治、幕府を北条幕府とも呼び、その礎を築いたのが事実上の初代執権義時だった。

義時から数えて執権は、幕府滅亡時の北条（赤橋）守時（足利尊氏の義兄）まで一五人いる。その一方、北条宗家（北条一族の惣領家）を示す言葉を「得宗」といい、「義時―泰時―時氏―経時《つねとき》―時頼―時宗―貞時《さだとき》―高時」とつづく。つまり、執権より得宗の数が少ない。たとえば、幕府最後の得宗となった高時が正中《しょうちゅう》三年（一三二六）に執権の職を辞したのち、金沢貞顕《さだあき》・赤橋守時が執権となった。ところが彼らは執権といえども、得宗である高時の意向なくして何も進められなかった。これを「得宗専制政治」という。執権政治から得宗専制に切り替わった年代については諸説あるものの、確立したのは北条時宗の時代になってからだろう。

なぜ北条宗家を得宗というのだろうか。南北朝時代の史料に「義時が得宗と号す」とあり、『ことばんく』で調べると、「北条氏専制を確立した北条義時の法号を徳宗といった」などとある。ところが、不思議なことに義時の法名は「観海」。「徳宗」でも「得宗」でもなかった。

ではいったい、「得宗」は何に依拠した名称なのか。「得宗」は「徳崇《とくそう》」とも書かれ、北条時頼の法名が「道崇《どうすう》」であることから、その「崇」の字にちなんで北条宗家をのちに「徳崇」と呼ぶようになったのではないかという説もある（細川重男著『執権』）。時頼も庶子の生まれから執権となっただけに、初代義時との共通項がある。時頼が義時に「徳崇」の号を追贈したという説だ。「徳」は「徳を積む」や「徳政」などと良い意味に使われるから、その「徳」と時頼の「崇」を組み合わせた追号は北条の天下を確立させた義時にふさわしく思える。

ところが、時頼の嫡男で筆者が得宗専制政治を確立させたと考えている時宗に「徳崇と号す」と読める史料のあることを岡田清一氏の著書（『北条義時』）で知った。その史料は鎌倉時代の終わりごろに成立したもので、「徳崇」という号のもっとも古い例ではなかろうか。その後、岡田氏の研究で「六波羅下知状案」（一三〇〇年）などの一次史料に「得宗御領」などと記載されるようになったことがわかる。得宗専制政治が確立した時宗の時代以降は、義時が神格化された時代でもある。そのため世代をさかのぼって義時の法名が得宗だという誤解に結びついたのではなかろうか。ともあれ、義時の法名が得宗でなかったとしても、彼が執権政治と後の得宗専制政治をもたらした得宗家初代という定義でいいだろう。

謎26

歴史に埋もれた「前半生」の謎

北条義時という男が歴史の表舞台に立つのは、彼が四三歳になった元久二年（一二〇五）閏七月。父時政を失脚させて政所別当となってからだ。筆者は、義時が建仁三年（一二〇三）の「比企の乱」（196ページ参照）の黒幕の一人だったと考えているものの、それでも二年さかのぼるにすぎない。一八歳のときに義兄の源頼朝が挙兵して以降、義時の二〇代～三〇代は歴史に埋もれた存在だった。

その「前半生」を年譜にして振り返ってみた。

・治承四年（一一八〇）一八歳

頼朝の挙兵に従い、石橋山の合戦で敗れた後、安房へ逃れる。その後、父時政とともに甲斐へ行き、甲斐源氏の先達となって黄瀬川に着陣。富士川の合戦で平氏の軍勢と戦う。論功行賞として時政とともに頼朝から馬と直垂《ひたたれ》などを賜る。

・治承五年（一一八一）一九歳

四月、頼朝の寝所の警護などにあたる衆（一一人）となる。いわば頼朝の親衛隊。『吾妻鏡』

によると、「弓箭《きゅうせん》に達する者」や「御隔心無き輩《ともがら》」が選抜の条件。義時は武断派のイメージがないことから、頼朝の「御隔心無き輩」として選ばれたのだろう（ほかのメンバーは184ページ参照）。

・寿永元年（一一八二）二〇歳

時政の後妻牧の方の密告によって、頼朝と亀の前との不倫関係が発覚。怒った政子が牧宗親（牧の方の父）に命じて、その妾宅を破壊させた。するとこんどはそれを聞いた頼朝が激怒し、宗親を呼び出してその髻を切ってしまう。この事件の際、時政は寵愛する後妻の父に対する頼朝の仕打ちを不快に思い、無断で伊豆へ帰ってしまった。しかし、義時は父と行動をともにしなかった。そこでそのことを喜んだ頼朝は義時を召し出し、「なんじはわが命を察し、彼（時政）の下向に従わなかったことに感じ入った。追って賞を取らせるであろう」（『吾妻鏡』）といって褒めた。この話からいくつか事実がみえてくる。

まずこのときまで義時は父時政と行動をともにしていたこと。逆にいうと義時がこのとき初めて父よりも頼朝の命を重んじたことになり、ようやく義時はひとり立ちしたといえる。そして頼朝が父に従わなかった義時の行動を賞しているのだから、これを機により頼朝の信任をえたことだろう。またこのころ義時は妻を迎えたと考えられる。

・寿永二年（一一八三）　二一歳

嫡男の泰時（のちの執権）が誕生する。

・元暦元年（一一八四）～翌年　二二歳～二三歳

平氏軍が一谷の合戦で敗れたことを受け、屋島を本拠とした平氏の糧道を断つため、頼朝は異母弟の源範頼を西国へつかわし、九州入りを命じる。義時はその遠征軍に加わるものの、合戦で目立った活躍はせず、歴史は彼の軍功について何も語らない。

・文治五年（一一八九）　二七歳

頼朝の奥州遠征に参陣する。

・建久元年（一一九〇）　二八歳

頼朝の上洛に同行。頼朝が右近衛大将に任じられ、その拝賀のため、後白河法皇へ拝謁する際の行列の七騎の一人となる。その七騎の顔触れは義時のほか、小山朝政、和田義盛、梶原景時、土肥実平、比企能員、畠山重忠。幕府開創の功臣たちばかりで、源平合戦でほとんど功のなかった義時がメンバーに加わっているのは、それだけ頼朝に可愛がられていたからだろう。

・建久二年（一一九一）　二九歳

鶴岡八幡宮の遷座（※1）がおこなわれた際、義時は御剱《みつるぎ》を持ち、頼朝の側近として振る舞う。

・建久三年（一一九二）　三〇歳

九月、比企朝宗の娘（姫前《ひめのまえ》と呼ばれる）が義時に嫁ぐ。彼女は当時、噂の美人だったらしく、義時が彼女に惚《ほ》れ、頼朝に仲介を頼んだようだ。頼朝は義時から決して離別しない旨の起請文をとり、彼女に言い含めて娶《めと》せたという。義時には泰時を生んだ妻がいたものの、この姫前が正室扱いとなり、彼女の生んだ子が朝時。比企の乱で比企一族は滅亡し、姫前は離別された。頼朝との約束は反故《ほご》にされたのだ。

・建久四年（一一九三）　三一歳

病のために伊豆で療養する。三月に伊豆から鎌倉へ帰参。五月、有名な頼朝の富士の巻狩りのお供をする。

・建久五年（一一九四）　三二歳

鎌倉で安田義定（※2）の邸を賜る。

・建久六年（一一九五）　三三歳

平氏に焼き討ちされた東大寺の再建供養会のために頼朝が二回目の上洛を果たし、義時もそれに従う。

・正治元年（一一九九）　三七歳

正月に頼朝が死去。四月、一三人による合議制がスタート。義時もそのメンバーとなる。

以上、義時は時政の子息というより、二〇歳でひとり立ちして以来、北条氏とは別の御家人

（事実、彼は北条庶流江間氏の当主だったと考えられる）として扱われ、頼朝に近侍してその実力を養った前半生だったといえる。一三人のメンバーで時政と義時の二人が北条氏から選抜されたようにみえるが、義時を江間義時だとするとその謎は解ける。

いずれにせよ頼朝の信任厚く、また姉の政子とも友好的な関係を維持していた義時は、虎視《こし》眈々《たんたん》と北条嫡流家を乗っ取る機会をうかがっていたのではなかろうか。

※1 鶴岡八幡宮の遷座＝源頼義が鎌倉の由比に八幡宮を勧請して建立したが、頼朝がいまの地に遷座させた。

※2 安田義定《よしさだ》＝甲斐源氏の一族。富士川の合戦の功で遠江の守護となり、源義仲の追討や一谷の合戦などで奮戦するが、建久五年、謀反の疑いで殺された。

謎27

「鎌倉殿の一三人」の勝ち組になった理由

源頼朝は舅の北条時政を冷遇し、かわりに義時を可愛がった。義時が頼朝の寝所の警護などにあたる「親衛隊」の筆頭に名をかかげられたのも、そのあらわれだろう。しかし同じ親衛隊のメンバーをみると、頼朝旗挙げの功臣の子弟が多く、立場としてはあくまで頼朝に近侍する若い御家人の一人にすぎなかった。義時が幕府の柱石となるのは三代将軍実朝の時代になってからである。

まず二代将軍頼家の正治元年（一一九九）四月一二日、義時が父時政とともに「一三人合議制」のメンバーに列せられたことがその布石となった。義時のメンバー入りは、父時政や姉政子の政治的地位によるとみられる。ここまでは彼の実力というより、当時の政治状況や父や姉の影響力によるところが大きかった。そこからは運もあった。

一三人のうち、まず梶原景時がほかのメンバーらによって〝強制排除〟させられたのだ。六六人の御家人が連名で景時を糾弾し、失脚させたのだ。その六六人の中に義時も時政もふくまれていない。政子の妹の阿波局が事件の裏で糸を引いていたという指摘もあるが、それはあくまで彼女個人の問題（144ページ参照）。北条一族は静観しており、そのあたりにこの一族の垢《あか》ぬけた特徴を見いだす論もある。御家人が連名で同僚を糾弾する行為そのものがどこか泥臭く、彼らの行為を一歩引いたところで静かにみている一族の進歩性が指摘されている。

それはともかく義時にとっては（父時政もそうだが）、ライバルたちがこぞってライバルの一人を舞台から蹴落とすのを黙ってみていたようなもの。次いで三浦義澄・安達盛長という古参の功臣がこの世を去った。このころ時政は幕府官僚のボスともいえる大江広元を籠絡《ろうらく》しつつあった。時政の失脚後、義時が父にかわって、大江広元・三善康信・二階堂行政の幕府官僚を政権内に取りこんだ。

こうみてくると、梶原景時につづいて三浦義澄・安達盛長が舞台からおりた際、義澄の嫡男義村と昵懇《じっこん》だったこともあり、義時にとって父時政を除きライバルといえるのは比企能員・和田義盛だけ（八田《はった》知家《ともいえ》・足立遠元もいるが、警戒するような勢力ではなかった）。そうして満を持していたかのように彼は動きはじめる。このころからようやく義時は権力抗争の荒波の中に踏みだしたとみていいだろう。

まず姉政子とともに父時政をうまく誘導し、比企能員を滅ぼした（比企の乱＝196ページ参照）。ちなみに、比企一族である妻（姫前）を離縁した義時はそのあと、後妻の伊賀の方を迎えている。ここで、それまで一枚岩のようにみえていた北条一族が割れる。三代将軍に実朝が就いて、その乳母父である時政が政所別当になると、彼はいよいよ意気軒高に振る舞い、いっこうに隠居しようとしなかった。一方、義時といえば、働き盛りの四〇代。権力志向の強い者にとってそういう状況は何としても打破しなければならない。

父と子の溝が深まり、義時は姉政子とともに父の失脚を図る（北条時政失脚事件＝200ページ参照）。この一連の動きで彼は終始、のちに〝四代将軍〟といわれる姉と二人三脚で事を運んでいる。ともあれ、父を失脚させた義時は、その跡を継いで政所別当についた。こうして本格的に執権政治がはじまる。

義時は相模守につづいて陸奥守――と父時政と二代引きつづき国守に任じられ、ほかの御家人との格の差をみせつけた。ところが、そんな義時をうらやむ者がいた。それが義時の最後のライバルといえる和田義盛。国守の座を望んだ彼はかなえられず、義時への不満が重なり、建暦三年（一二一三）五月、乱を起し、滅び去った（和田合戦＝204ページ参照）。

そして義時は政所別当に加えて、義盛の侍所別当の職も兼ね、最大のピンチである承久の乱も難なく切り抜けた。岡田清一氏によると、乱後の承久三年（一二二一）九月に初めて単独署名の下知状をだしてのち、彼が急逝するまでの五年間に計九三通の下知状が確認できるという（『北条義時』）。守護地頭の補任といった幕府権力の根幹にかかわる命令が多い。こうして幕府内で義時の意に逆らえるものは、姉の政子をおいてほかにはいなくなったのだ。

謎28 義時「急死ス！」の謎

元仁《げんにん》元年（一二二四）六月一二日の午前、義時の容態が急変する。大病を患うことのなかった義時にしてはめずらしく、みるみるうちに衰弱していった。陰陽師《おんみょうじ》らが病気平癒《へいゆ》の祈禱《きとう》を捧げたが、その甲斐なく、翌日の午前中に卒去《そっきょ》した。享年六二歳だった。死因は、脚気霍乱《かっけかくらん》。脚気から夏場ゆえの急性胃腸炎を併発したとされる。急逝であったのは間違いない。

しかし、「義時は毒殺された」と言いだす者があらわれた。二位法印尊長《にいのほういんそんちょう》という比叡山延暦寺の僧だ。承久の乱で宮方の参謀的な役割を果たした男で行方をくらませていたが、乱から六年たった安貞《あんてい》元年（一二二七）四月、六波羅探題（※）へのタレコミがあって尊長は逮捕された。

定家の『明月記』によると、このとき自害しようとした彼は三年前に亡くなった義時の死について「早う首を斬れ。そうでないなら、義時の妻が飲ませた薬をだして早く殺せ」と思いがけない言葉を口にする。六波羅探題の武士たちはもちろん驚いたが、どうせ死に間際の戯言《ざれごと》であろうと思い、尊長を詰問すると「死のうとする者が虚言するはずがなかろう」といった。

ここでいう義時の妻は伊賀の方と呼ばれる後妻。義時は「比企の乱」の後、比企一族の正妻を離縁して再婚しており、伊賀朝光《ともみつ》の娘が正妻とほぼ入れ替わりに妻の座につき、四郎政村を生んだ。伊賀氏は秀郷流藤原氏の末裔だとされ、朝光が伊賀守に任じられたことから伊賀氏と称した。もともとは下級官人の家だったが、義時に娘が嫁いだことで政治の表舞台に立ち、朝光の長男光季《みつすえ》は、大江親広《ちかひろ》（大江広元の長男）とともに京都守護の職にあった。親広は承久の乱の際に宮方に与したものの、光季は後鳥羽上皇の召集に応じず、逆に挙兵の動きを幕府に告げたため、宮方に宿所を襲われて討たれた人物。次男光宗《みつむね》は義兄である義時の威光で政所執事の職にあった。ところが、伊賀の方が義時との間にもうけた娘の婿宰相《さいしょう》一条実雅《さねまさ》を将軍に擁立し、自分の生んだ政村を執権につけようとした陰謀が露見してしまう。北条時政の後妻牧の方がやはり娘婿を将軍に担ぎあげようとした事件と構図は同じであった。義時毒殺をほのめかした尊長は、伊賀の方が将軍へ擁立しようとした宰相一条実雅の弟であり、このあたりの陰謀の詳細を知っていてもおかしくはない立場にあった。

こうみてくると、義時の死があまりにあっけなかったこともあって、毒殺の疑いはいっそう強くなる。一四世紀初めに書かれた仏教説話集『雑談集』は「故義時三度の難を逃れて、その身久しく保てり」として、和田合戦（204ページ参照）・実朝暗殺（208ページ参照）・承久の乱（214ページ参照）を「三度の難」に挙げているが、毒殺という〝四度目の難〟は防げなかったことになる。しかも義時の四男政村の烏帽子親《えぼしおや》は、有力御家人の三浦義村。これまで義村は、義時といわばべったりの関係をつづけてきたが、ここにきて烏帽子親となった政村の執権職を望み、泰時への継承でぶれない義時の消去を図ったという構図も浮かんでくる。義時の死は、幕府の屋台骨を揺るがす大事件に発展してもおかしくはなかった。ところが鎌倉市中に不穏な空気をまき散らしながらも、伊賀の方と光宗らの流刑および実雅の追放という処分で静かに幕を閉じた。

真相はどうだったのか。あらためて時系列的に義時急逝後を振り返ってみよう。

六月一六日、義時が一三日に亡くなったという知らせが京で六波羅探題（北方）の任にあった嫡男泰時のもとへ届き、彼は翌一七日に京を発った。ところが泰時は由比ケ浜まできて動かず、御内人《みうちびと》らに守られ、ようやく鎌倉の小町邸へ入った。警戒している様子がよくわかる。おそらく、鎌倉へ向かいつつ、泰時はなんども使者を鎌倉へ送り、そこでの噂を耳にして警戒したのだろう。そのころ鎌倉で噂されていた話というなら、義時の四男政村の執権と一条実雅の将軍就任の噂しかありえない。義時毒殺の話はあくまで三年後、尊長が口にして初めて膾炙《かいしゃ》される話であって、そこまでの噂はなかったはずだ。

泰時は二七日に鎌倉入りし、翌日、伯母の尼将軍政子に呼ばれ、そこで「軍営の後見として武家のことを執行すべき」旨、仰せつけられる。義時急逝後の混乱を静めるために執権に任命されたのだ。泰時が噂の真偽を確かめた結果、噂は事実ではないと判断し、いったん事態は落ちつくのだ。

牧の方の事件と同じく、伊賀の方側には自分の生んだ政村を執権につけたい思いそのものはあり、それが義時の急逝とともに噂になったのだろう。しかし、伊賀の方がそのために陰謀をめぐらせていた証拠らしきものは見当たらない。牧の方の事件の場合、彼女に謀叛の疑いなきにしもあらずという感触を抱いているが、この事件については、泰時が事実でないと判断したこともあり、陰謀そのものがなかったというべきだろう。したがって義時毒殺というのは、まるで考えられない話であった。

ところが、二九日に北条時氏（泰時の嫡男）が六波羅探題に任じられ、泰時政権下の新体制が動きだしたと思った矢先、七月になって事態はふたたび動きだす。伊賀光宗らが政村の烏帽子親である三浦義村のところへ頻繁に足を運び、そのことを不審に思った政子が七月一七日、義村の元をひそかに訪ねて詰問する。彼女は直截《ちょくさい》に「政村と光宗がしきりに出入りしていると聞く。何やら密談を交わしているという風聞だ。何を企んでいるのか？」、つまり謀叛を企てているのではないかと糾弾したのだ。

義村はしらばくれるが、政子に重ねて問われ、「政村にまったく逆心はありません。光宗には何か考えがあるようですが、それがしが言うことを聞かせます」と白状する（以上『吾妻鏡』）。こんなことがあったため、ふたたび鎌倉市中に物々しい空気が流れ、義時の四九日法要が営まれた三〇日の夜、甲冑《かっちゅう》をつけた御家人らが市中にあふれた。その翌閏七月一日、泰時の邸に政子や三寅（のちの将軍九条頼経）のほか、幕府の宿老（大江広元・葛西清重・結城朝光・小山朝政ら）が集まり、対応を協議し、その後、前述した処罰が伊賀の方や宗光らに下った。

以上の事実をどう理解すればいいのか。まず『吾妻鏡』に、義時の急逝を聞いて泰時が京から鎌倉へ駆けつける途次、「武州（泰時）が弟（政村）を討つにちがいない」という風聞もあったことが記されている。その後、泰時政権が発足し、事態は沈静化したが、そういう風聞があったため、泰時が静観していることを不気味に思った伊賀宗光がその件で三浦邸へ足繁く通っていただけではないか。そもそも伊賀の方や政村・宗光に謀叛の考えがあるのなら、泰時政権が発足するまでに行動しないと意味をなさないからだ。伊賀の方と宗光らは罪なき罪で処罰されたとみている。

その背後には北条政子という〝シナリオライター〟の存在がちらついている。政子はわが子頼家を犠牲にしてまで権力を維持しようとした女性（199ページ参照）。彼女には義時と二人三脚で幕府を動かしつつも、実家の権力掌握に協力するつもりは毛頭なかったはずだ。彼女には夫頼朝とともに幕府を開創したという自負があり、その権力を比企氏や牧氏はもとより、父時政であっても渡したくなかった。比企氏の乱後、父時政が将軍実朝の名を借りて「鎌倉殿」の御教書を発給しだしたのを見過ごすことができず、弟とともに失脚を図ったのだ。まさしく政子は尼将軍だった。逆にいうと義時はそんな姉の本心を誰よりも知っていたからこそ、亡くなるまで姉との間で波風立たせず、可能な限り権力掌握に努めたのだろう。

そんな彼女が伊賀の方をそのままにしておくはずがない。政子にとって、義時の死後も執権邸である大倉邸（義時の本邸）に住む伊賀の方とその一族は不気味な存在に映ったはずだ。また義時の死が急逝だったため、相続問題もはっきりしていなかった。当時は分割相続の時代で女性にも相続権があるため、伊賀の方が事実上、北条宗家（のちの得宗家）を乗っ取り、将軍を擁立して、政子の地位にとってかわるのではないかと疑心暗鬼にかられたのではないか。

そこで泰時が静観していることに逆に不安を覚えた伊賀宗光らの行動につけこみ、さらには三浦義村をなかば恫喝《どうかつ》して宗光を切り捨てさせ、伊賀の方と宗光らの処罰という事件の幕引きを図ったのではないだろうか。

それでは、尊長が六波羅探題の役人に漏らした義時毒殺の話は、どう解釈したらいいのだろうか。まず尊長と将軍候補に擬せられた実雅とは兄弟といっても母がちがい、三〇歳の年の差があるといわれる。兄の尊長は主に京、弟の実雅は鎌倉にいて接点がみつからず、本当に毒殺計画があったとしても尊長の耳に入っていたとは考えにくい。しかも承久の乱で尊長は、宮方の中心人物である。実雅は弟とはいえ、敵方の幕府側に属している。尊長が幕府に捕らえられ、死に間際に伊賀一族の犯行をちらつかせたのは、承久の乱当時、京都守護職だった伊賀光季が宮方の誘いに乗らなかった恨みがあったからかもしれない。承久の乱の際に光季召し取りを指示したのは尊長だった。鎌倉歴史文化交流館の学芸員である山本みなみ氏は「尊長が自暴自棄に陥り、最後に伊賀一族や北条氏に一矢報いようと暴言を吐いたとて何ら不思議ではない」（「北条義時の死と戦後の政情」『鎌倉市教育委員会文化財調査研究紀要』二号所収）としている。

※**六波羅探題**＝承久の乱後、幕府は北条時房（義時の弟）と泰時を京に常駐させ、朝廷や院の動きを監視させるとともに洛中警固《らくちゅうけいご》と西国御家人の統制をまかせた。以後、北条一族から主に二名が交代で任命され、北方・南方と呼ばれた。管轄地域は主に尾張・越前より西と定められていたが、鎮西探題《ちんぜいたんだい》（鎮西奉行）が新設されると、九州は管轄からはずれた。足利尊氏によって滅ぼされた。

第四章

幕府の謎の御家人列伝

謎29 六六人の武将から嫌われた男「梶原景時」の実像

一三人合議制メンバーの一人、梶原景時（一一四〇～一二〇〇）といえば、源頼朝の寵臣《ちょうしん》である。それをいいことに他の御家人らへ冷たくあたり、虎の威を借りた狐という後世の悪評がある。頼朝に弟義経の悪言を並べたて、兄弟不和の原因をつくったという話は有名だ。

彼は、頼朝の挙兵したころに相模国で平氏方の中心だった大庭景親の一族。そうなるとやはり、頼朝との出会いは通説どおり、頼朝が石橋山の合戦で大敗し、山中を逃走している際の次の逸話に頼るしかないだろう。

『吾妻鏡』は、景親が頼朝を探し求めていたとき、景時は頼朝の隠れているところを知っていながら、「この山には誰もおりません」と景親の手を引いて傍らの山へ登ったという。『源平盛衰記』によると、このとき頼朝は土肥実平や安達盛長らとともに数名が入れる臥木の下に隠れていたことになっている。ここで景時が機転を利かさなければ、頼朝の挙兵は失敗に終わり、その後の歴史は変わっていたのだから、たしかに頼朝が景時に恩義を感じ、重用するのはよくわかる。しかし、頼朝はただ情に流される男ではない。景時が有能だったからこそ、側近として侍《はべ》らせたのだろう。その一方で『吾妻鏡』での景時の評判は悪く、義経のみならず、畠山重忠ら景時の讒言《ざんげん》を受けたという御家人はあまたいる。

本当に景時は〝讒言魔〟なのだろうか。平氏が壇浦で滅んだ後の元暦二年（一一八五）四月、景時からの書状が頼朝のもとに届き、そこには「判官殿（義経）は平家討滅の功をひとり占めにし、行き過ぎた行為が目につくようになりました。そんな判官殿を御家人らは薄氷を踏む思いで眺めており、もはや誰も判官殿につき従う者はいなくなってしまいました」（『吾妻鏡』）とあった。通説は、景時がこのように義経の悪口を並べた理由として、「逆櫓《さかろ》論争」にみられるように義経への恨みがあり、それが頼朝への讒言につながったという文脈で語られる。

しかし、そもそも、景時が義経に恨みを抱くような接点はなかったとみられる（64ページ参照）。義経には景時が頼朝に注進したとおり、実際にまわりの御家人らに平氏を滅ぼした功を誇るようなところがあり、御家人らの不満が高まっていたのではなかろうか。だとしたら、それは組織運営上の問題点を頼朝に報告したのであって、讒言とはいえないことになる。

たしかにトップに立つ者にとって、景時のような人物は使い勝手があり、重宝したいところだが、逆に同僚には嫌われやすい。同じ一三人の合議メンバーである和田義盛との諍《いさか》いにこういう話がある。これも『吾妻鏡』に掲載される話だ。侍所別当の職にあった義盛をうらやみ、景時は「一日だけその別当の職を代わってもらえないか」と義盛に頼みこんだ。ところが景時は奸謀《かんぼう》をめぐらせ、別当職に居座りつづけたという。だがこれも冷静に判断すれば、頼朝がそのような企てを許すはずがない。侍所所司だった景時が侍所別当になりたがったのは事実かもしれないが、それを聞き及んだ頼朝が適性を考えて決めたことなのだろう。ただこれまた、事情はどうあれ、義盛が景時への恨みを募らせることになる。

このあたり、はるか後年、豊臣政権の奉行だった石田三成への不満が太閤秀吉の死後に噴出するケースに似ている。景時の場合も、頼朝の死後に鎌倉追放という憂き目をみる。『吾妻鏡』によると、正治元年（一一九九）一〇月二七日、北条政子の妹阿波局が御家人の結城朝光に「景時の讒言によって汝は誅されようとしている。その理由は、汝が二君に仕えないといったことにある」とささやいたことから景時追放劇がはじまる。

つまり、朝光の発言が頼家に異心を抱いている証拠だと景時が讒言したというのである。景時が本当に讒言したかどうかはわからない。景時が頼朝の死後も引きつづき、頼家の側近として仕えていたのは事実だ。もしかすると、阿波局は千幡《せんまん》（のちの三代将軍実朝）の乳母であるから、彼女に千幡を将軍につけたいという野心があり、まずは頼家の側近を排除しようという狙いがあった可能性もある。事実、こののちの歴史はそのとおりになり、頼家は北条一族に暗殺され、実朝が擁立される。

ともあれ、阿波局からの密告を聞いた結城朝光は驚き、かつ、すぐ動いた。朝光はまず昵懇《じっこん》の三浦義村に相談し、この話が御家人の間に広がっていったのだ。こうして翌二八日、千葉常胤・三浦義澄・和田義盛・安達盛長・畠山重忠・足立遠元ら一三人の合議制メンバーの一部を含む主だった御家人ら六六名が連署して景時の弾劾状を大江広元に手渡した（ただし、北条父子はこの六六人に加わっていない）。広元は、相手が亡き将軍の寵臣であり、対応に悩んで将軍に提出しないでいたところ、侍所別当の一件で景時に意趣を含んでいる義盛に難詰され、ついに頼家へ提出した。六六人もの署名があれば頼家としても景時をかばうことはできない。

こうして一二月一八日になって景時は鎌倉から追放され、京をめざしたものの、謀叛の罪をきせられ、翌正治二年正月二〇日、駿河狐ヶ崎（静岡市）で一族とともに敗死するのである。

謎30 養母の七光りで出世した「比企能員」

藤原秀郷の末裔を称する比企氏は、武蔵国比企丘陵を本拠とした武士の一族。源頼朝の父義朝が鎌倉を本拠に関東へ勢力を伸ばしていたころ、比企掃部允《かもんのじょう》がその家人となり、義朝の上洛につき従ったと考えられる。久安《きゅうあん》三年（一一四七）には、熱田大宮司藤原季範《すえのり》の娘が実父の別邸（現名古屋市熱田区の誓願寺）で義朝の三男にあたる幼名鬼武丸《おにたけまる》（諸説ある）、のちの頼朝を出産。義朝は掃部允の妻を三男の乳母とした。

その彼女がやがて、一三人合議制メンバーの一人、比企能員（生年不詳〜一二〇三）の運命を決定づけることになる。

頼朝は一三歳のときに平治の乱で父義朝とともに敗れ、処刑されるべきところ、池禅尼《いけのぜんに》の嘆願もあって伊豆へ配流されることで落ちついた。

掃部允とその妻は頼朝の将来を案じ、都を去って所領のある武蔵国比企郡内へ引っこんだ後、支援の手を差し伸べる。当時、乳母と乳を授かった者との絆は固く、まもなく掃部允が没して出家した彼女（以降、比企尼と呼ばれる）は「頼朝牢浪《ろうろう》の間、比企禅尼哀憐《あいれん》せしめ、武州比企郡より送粮《そうろう》を運ぶ」（『吉見系図』）とあるとおり、その配流生活を支えつづけた。むろん、頼朝は彼女への恩義を忘れなかった。治承四年（一一八〇）の挙兵後、尼を呼び寄せて鎌倉に住まわせ、尼が住んだところは比企谷《ひきがやつ》と呼ばれた。そして尼は甥の能員を養子にもらいうけ、頼朝に推挙するのである。能員の生年は不明ながら、だいたい三〇歳ごろの話ではなかったかといわれている。

以降、能員は頼朝に近侍し、寿永元年（一一八二）八月、比企谷の邸で北条政子が頼朝の長男を出産する。のちの二代将軍頼家である。むろん、乳母は比企一族から選ばれ、能員の妻も乳母の一人となった。

平氏との内乱では頼朝の義弟範頼率いる山陽・九州方面軍に属した。文治五年（一一八九）の奥州合戦では三手にわかれた軍勢のうち、宇佐美実政《うさみみねまさ》（185ページ参照）とともに北陸道の大将軍として上野国などの御家人を率いた。奥州藤原氏が滅びた翌年、その残党である大河兼任が奥州で反乱した際にも千葉胤正（186ページ参照）とともに大将軍に任じられた。こうして養母の七光りで出世した彼の幸運はまだつづく。

建久八年（一一九七）ごろと考えられるが、能員の娘（若狭局《わかさのつぼね》）が一〇代半ばに達していた頼家に嫁いだのである。頼家にとって乳母の一族である比企氏は近い存在であるから、自然と若狭局の姿が彼の目にとまった面もあろうが、能員が比企谷の邸で生まれた頼朝の後継者に近づき、娘を積極的に売りこんだとも考えられる。やがて若狭局は頼家との間に長男の一幡《いちまん》をもうけた。彼が長じて将軍となれば、その外戚としてますます権勢をふるうことができたであろう。

しかし、それを快く思わない者たちがいた。北条一族である。時政とは何とか折り合いをつけることができたものの、政子と義時は納得できず、時政を誘導して比企一族を滅ぼすのである。能員の最期は第五章の比企の乱のくだりを参照していただきたい。

謎31

頼朝最古の御家人「安達盛長」

一三人合議制のメンバーのうち、安達盛長（一一三五〜一二〇〇）は三浦義澄に次ぐ年長者。源頼朝がまだ伊豆の蛭ヶ小島で配所暮らししていたころからの最古参の御家人とみていいだろう。ただし、素性は謎に包まれている。同じ合議制メンバーである足立遠元が甥に比定され、盛長を足立一族とする説があるものの、「あだち」という氏名が共通しているだけの誤解だ。

いまのところ、頼朝の乳母の一人である比企尼の娘婿とする系図史料（『吉見系図』）を信じるしかない。比企尼の夫は比企掃部允とされ、武蔵国比企郡を本拠としていた。在京していた尼は、頼朝が平治の乱で平清盛に敗れて伊豆へ流されると関東へ下り、地元の比企郡から頼朝の生活資金を送るとともに、彼女は三人の婿に命じて頼朝を援助させたという。ちなみに、その三人の婿の一人が比企氏と同じ武蔵国の豪族である河越重頼《かわごえしげより》。二人目が伊豆の豪族伊東祐親の次男祐清だ。祐親は平氏方だが、尼の娘を娶った祐清は頼朝のシンパとなる。そして三人目が盛長。彼に嫁いだ比企尼の娘（丹後内侍《たんごのないし》）は、男性遍歴に彩られた女性。はじめ二条天皇に仕え、惟宗広言《これむねひろこと》と密通して島津忠久《ただひさ》（※）を生んだ後、盛長に嫁いでいる。

さて、前述したように盛長は前歴不詳の人物だが、都で藤原盛長という人物が検非違使などの官職にあり、その藤原盛長を安達盛長とみなす憶測もある。藤原盛長を前歴とするには材料が少なすぎるが、在京していた比企尼の婿となっていることを考えると、たまたまそのときに大番役で在京していた関東武者なのか、もともと在京の武士だったのか、そのいずれかであろう（陸奥国安達郡出身との説もある）。

いずれにせよ、比企尼の婿となった盛長は尼とともに関東へ下り、尼の言いつけどおり、配所での頼朝の世話をすることになる。彼が北条政子と頼朝の間をとりもったという伝承が残るのも、盛長がそれだけ配所時代の頼朝に近侍していたからだろう。

第一章でみたとおり、頼朝は治承四年（一一八〇）六月二四日、三善康信（彼も頼朝の乳母と縁つながり）の密告をうけて挙兵を決意したのちに、盛長を使者に源氏累代の家人らへ、平氏追討のために伊豆へ馳せ参じるよう伝えさせた。盛長はその命を忠実に守り、相模国の豪族（波多野氏・三浦氏・大庭氏・山内首藤《やまのうちすどう》氏）らへ参陣をうながした。結果、大庭景親らは同意せず、平氏方として石橋山の合戦で頼朝の軍勢をうち破ることになってしまうが、挙兵という密事の使者に立った盛長への頼朝の信頼度の高さがうかがえる。

頼朝が鎌倉を本拠と定めた後には、上野国で鎌倉に服さず、自立の姿勢をみせる清和源氏一族の新田義重を懐柔し、元暦元年（一一八四）から建久五年（一一九四）まで、盛長は上野国の

「国奉行人」をつとめた。権限としては、のちの「守護」に近い役職だ。

同一〇年（一一九九）正月に頼朝が亡くなると、三河国の守護人となる。そのとき六五歳という当時としては高齢に達していた。翌年の四月、すでに出家して蓮西《れんさい》と称していた盛長は、頼朝の後を追うようにして世を去るのである。

その盛長の最後の仕事が梶原景時の弾劾だった。景時は〝讒言魔〟として同僚に嫌われていた（たぶんに御家人らの誤解によるものと考えられる）。盛長は強硬派の和田義盛とともに弾劾の中心人物となった。義盛が景時弾劾の強硬派となる理由は明確だが（153ページ参照）、盛長と景時の関係がどうだったかはよくわからない。

※**島津忠久**＝もともと近衛家の家司《けいし》惟宗氏の出身で島津荘（日向・大隅・薩摩の三国にわたる荘園）の地頭職に任じられ、島津氏の祖となる。頼朝の庶子との噂もある。

謎32 頼朝が一本釣りした最強御家人「和田義盛」

並居る御家人の中で弓射《きゅうしゃ》の達人を一人だけ挙げろといわれたら、間違いなく和田義盛（一一四七～一二一三）の名をだすだろう。内乱の過程で幾度となく功名をなし、公式行事でも見事な射技を披露している。

義盛の祖父は相模国の大豪族である三浦大介義明。長男が杉本氏を名乗る義宗《よしむね》という武士で、その子が義盛。つまり、三浦一族の庶流として源頼朝旗挙げの当初より、三浦一族本流とともに頼朝の功業を支えてきた。同じ一三人合議制メンバーであり、三浦一族の惣領《そうりょう》となった義澄の甥にあたる。頼朝が石橋山の合戦で敗れると、安房へ逃れた後を追って三浦一族も渡海する。義盛は、房総地方の大豪族である上総広常に参陣をうながす使者という大切な役を仰せつかった。

彼はかねてより御家人を統率する侍所別当の地位を望み、治承四年（一一八〇）に願いがかなって別当職についたとされる。いわば頼朝が、武勇の誉れ高い男を三浦一族の中から一本釣りした形だ。しかし、詳細にいうと少しだけ話がちがう。このとき義盛がついたのは侍別当。

そもそも侍所というのは、近侍する者が伺候する所から転じて職名になったもの。政所とともに親王家や三位以上の公卿の家政機関をいう。頼朝が建久元年（一一九〇）暮れに上洛し、公卿に列せられて正式に侍所が発足するとみるべきだ。ただ義盛は侍別当の職を引き継ぎ、そのまま侍所別当についている。侍所は刑事事件の処理にもかかわるため、彼は曽我《そが》兄弟の仇討《あだう》ち（192ページ参照）で殺された工藤祐経《すけつね》の遺体見分などにもあたっている。

しかし武勇で鳴る男だけに、ややもすると御家人を統率するという立場を捨て、感情の赴くまま行動するところがあった。たとえば元暦元年（一一八四）の一谷の合戦後、頼朝の義弟範頼の軍勢が山陽道から九州へ遠征した際、兵粮不足に悩まされた。しかも平氏に瀬戸内海の制海権を握られて、なかなか九州へ渡海できないことがあった。侍所別当の職にある義盛は従軍する御家人らの不満をなだめる立場にあったにもかかわらず、兵たちの不満に同調し、みずから率先して帰国するといいだした。このときは範頼に制止され、汚名を残さずにすんだものの、御家人の郎党どうしが争った際には侍所別当として騒動を鎮めるどころか、片方に加担して騒動をより大きくしたという。

そんな猪突猛進タイプの義盛をよく補佐したのが侍所所司の梶原景時だった。性格は水と油といえそうな二人だが、頼朝は義盛と景時の性格を知り抜いていたからこそ、互いの欠点を補わせようと、二人に侍所の運営をまかせたのだろう。『吾妻鏡』によると、建久三年（一一九二）、景時は「一日だけその別当の職を代わってもらえないか」と義盛に頼みこむ。義盛が忌服《きぶく》（服喪）にあたった際にいったん交代すると、景時はその職に居座りつづけた。そしてそのことを深く恨み、義盛が景時糾弾の急先鋒になったという話につづく。彼が景時を快く思っていなかったのは性格のちがいからしてありえる話だし、侍所の運営をめぐり、衝突したこともあるだろう。しかし、景時が別当になっても、あくまで義盛が上位に位置付けられていた（『新横須賀市史　通史編　自然・原始・古代・中世』）。

その景時追放後、北条一族に一三人合議制メンバーの一人、比企能員が殺されて比企一族が滅亡すると（一二〇三年）、能員の婿である二代将軍頼家は激怒し、北条時政の追討を義盛に命じ、その旨の密書を送った。ところが義盛は逆に密書を時政に示し、将軍の命を奉じなかった。すでに幕府内で北条一族の権力が固まりつつある事実を物語ると同時に、義盛にしてはめずらしく思慮深い判断をしたといえる。

ところが一〇年後の建暦三年（一二一三）五月、ふたたび義盛は突っ走る。北条義時追討の兵を挙げ、一時は義時らを追いこむものの、激戦の末に討ち死にするのである（204ページ参照）。最強御家人らしい最期であった。

謎33

平氏に所領を奪われた恨みから頼朝に接近した「足立遠元」

足立遠元（生没年不明）が歴史に登場するのは、源頼朝が三万騎を率いて隅田川を渡り、武蔵国へ入ったとき。武蔵国の豪族豊島清光（清元）・葛西清重《かさいきよしげ》とともに頼朝の陣営へ参陣している。系図によると、遠元の父を遠兼《とおかね》といい、母は豊島清光の姉か妹。つまり遠元にとって、ともに頼朝陣営へ参上した清光は母方の伯父（叔父）、葛西清重は従兄弟という関係となる。この縁戚関係からみて、遠元は清光より年少と考えられるが、清光や清重に働きかけ、頼朝陣営への参陣をうながしたのは遠元だったと考えている。その根拠をあげよう。

武蔵国の郡名を氏名とする遠元の一族は、現在の埼玉県鴻巣《こうのす》市から東京都足立区へかけての元荒川左岸（東側）に広がる足立郡を勢力圏にしており、その南には豊島一族が割拠していた。足立氏は足立郡司の系統に連なる一族と考えられ、挙兵を支えた恩賞として頼朝から足立郡の地頭職を安堵されているが、その足立郡の所領は平氏没官領《もっかんりょう》だった。もともと武蔵国は平氏の知行国であり、足立氏もその支配を受けていた。所領の一部が平氏に奪われ、かつ全体が平氏領に組みこまれていたのではないか。つまり遠元は所領の一部を平氏に奪われた恨みから、頼朝に接近した事実が垣間見えてくるのだ。
『鴻巣市史』は、頼朝が鎌倉入りした治承四年（一一八〇）一〇月七日の翌日、「（遠元は）頼朝の旗揚げに応じていち早く参陣したことが認められて、武蔵武士としてもっとも早く本領足立郡の郡郷の支配を安堵された」としている。平氏憎しの気持ちから縁戚関係にある豊島一族と語らい、遠元が主導して頼朝陣営へ馳せ参じたと考えられるのである。

しかし遠元は、武辺一辺倒の関東武士ではなかった。源氏が平氏を一谷から追い落とした後、頼朝は元暦元年（一一八四）一〇月に公文所（のちの政所）を開設し、遠元はその寄人《よりうど》に任じられた。公文所の別当は、同じ一三人合議制メンバーである大江広元。遠元の同僚の公文所寄人をながめてみても、中原親能・二階堂行政（いずれも一三人合議制メンバー）・大中臣《おおなかとみ》秋家ら公家出身者ばかり。むしろ遠元が異例の起用といえる。幕府の政務全般をみる公文所の寄人には高い行政能力が求められるだけに、遠元には文官としての才もあったのだろう。

建久元年（一一九〇）一一月に上洛した頼朝は、御家人の中から選りすぐりの者を後白河法皇に推挙して任官させており、その一〇名のうちの一人が左衛門尉の官職についた遠元だった。しかも彼は前右馬允《さきのうまのじょう》と呼ばれ、左衛門尉になる前から京や朝廷とのパイプがあって任官していた事実がある。そうでないと、頼朝もいくら遠元に文官の才があるからといって、公家出身者ばかりの公文所の役人に任じたりはしなかっただろう。

謎34 「頼朝の兄弟説」が流れる「八田知家」

「八田右衛門尉従五位下筑後守知家、じつは従四位下左馬頭源義朝男。懐胎七か月にて宇都宮三郎朝綱に預けられ……」

『八田家続書』という八田家の家伝史料にそう記されているという。

源頼朝に近侍し、常陸国守護となる一三人合議制メンバーの一人、八田知家《はったともいえ》（一一四二？〜一二一八）である。源義朝はいわずと知れた頼朝の父。知家はその義朝の「男」で懐胎七か月のときに宇都宮朝綱《ともつな》に預けられたという。つまり頼朝と兄弟だったとする「義朝落胤《らくいん》説」が根強い人物だ。

もともと宇都宮氏は、関白藤原道兼流の藤原氏を称した一族で、宗円という者が宇都宮（現・宇都宮二荒山《ふたらさん》神社）の座主職《ざすしき》をえたことから同地に勢力を扶植《ふしょく》した。同氏の系図には宇都宮朝綱と八田知家は兄弟となっている。八田の氏名は現茨城県下館市八田にちなむとされるが、定かではない。義朝の胤《たね》を宿した母のお腹の中にいるときに、宇都宮一族に預けられて朝綱の兄弟として育てられたとしたら、落胤説を完全に否定することはできない。また知家が宇都宮一族として育ったのはたしかだ。彼は「八田武者所知家」とも表記され、若いころには京の都へのぼり、院の御所を警備する武者所に仕える武士であった事実がうかがえる。

頼朝と義弟の義経が駿河国黄瀬川の陣で対面した逸話は有名だが、もしも知家が頼朝の兄弟なら、この〝兄弟〟の対面は鎌倉となる。

寿永二年（一一八三）二月、常陸国の豪族で頼朝の叔父にあたる志田義広（※1）が反逆の兵を挙げ、知家は小山勢らと志田軍を敗走させた。二月二八日には鎌倉で志田軍の捕虜二九人を頼朝の前に引き出したが、その際に頼朝に対面した武士の一人として『吾妻鏡』に知家の名がある。

その後、頼朝の推挙なく右衛門尉に任官してとがめられている。義経もかつて左衛門尉任官が頼朝との反目のはじまりだとされるから、二人は似通った事績を残している。ただし、知家は許されて頼朝に近侍した。義経とちがって、頼朝にそこまで警戒されるような武士ではなかったのだろう。文治五年（一一八九）の奥州合戦で知家は、千葉常胤とともに常陸から陸奥浜通りを経て平泉へ向かう東海道筋（三手にわかれた軍勢の一手）の大将軍に任じられている。このとき知家は常陸の御家人を率いる立場にあり、常陸守護に任じられていたと考えられている。

なお正治元年（一一九九）五月、謀叛の罪で常陸に流された阿野全成《あのぜんじょう》（※2）を二代将軍頼家の命で殺している。

この後、知家は現つくば市小田に本拠を移し、彼の末裔《まつえい》は小田城を中心に戦国時代までつづいて小田氏を名乗った。

※**1　志田義広**＝源為義《ためよし》の三男で義朝の弟。母は六条大夫重俊の娘。常陸国志田（茨城県稲敷郡）に住し、志田三郎先生《せんじょう》と号する。平氏追討のため手薄になった鎌倉のすきを狙って挙兵し、常陸から下野国へ入ったものの、小山一族らのために敗退。その後、木曽義仲に従って上洛したが、元暦元年（一一八四）、源義経・範頼軍に敗れ、五月四日、伊勢で討ち死にする。

※**2　阿野全成**＝源義朝と常盤御前《ときわごぜん》との間の長男。幼名今若。義経（幼名牛若）の同母兄。平治の乱（一一五九）後、醍醐寺で出家して醍醐（悪）禅師全成と称される。異母兄の頼朝の挙兵を聞き、対面を果たして駿河国阿野を領し、阿野法橋と号する。北条時政の娘阿波局（政子の妹）を娶り、彼女が千幡（のちの実朝）の乳母になったため、頼朝没後は千幡の擁立をはかる北条氏と将軍頼家との対立に巻きこまれ、頼家に対する謀叛の疑いをかけられる。

謎35 頼朝の父の時代からの股肱の臣「三浦義澄」

一三人合議制メンバーの中には生年が諸説あり、また不詳の者もいる。わかっている限りでいうと、三浦義澄が大治二年（一一二七）生まれで最年長となる。その三浦一族は坂東八平氏のひとつで、和田義盛や岡崎義実《よしみ》らを同族とする大族である。

義澄の曽祖父為継《ためつぐ》の時代、源義家が関与した後三年の役（※）に参陣して活躍したことで歴史の表舞台に登場する。平清盛の台頭をうながした平治の乱では、源頼朝の父義朝の挙兵に参加して、後白河上皇の御所を襲う源氏勢の中に義澄の名がある。また『平治物語』には「三浦介二郎」という表現があり、彼が相模国の「介」に任じられる在庁官人であり、広大な荘園（三崎荘もしくは三浦荘）の荘司《しょうじ》であったとみられる。『平治物語』からは、義澄が義朝の股肱《ここう》の臣であったことがうかがえ、頼朝の挙兵に従うのは自然な流れといえる。

その頼朝が挙兵する少し前の治承四年（一一八〇）六月二七日、京で大番役についていた義澄は帰国途上、伊豆の頼朝をたずねている。このとき頼朝や北条時政、さらには安達盛長らのちの一三人合議制メンバーとともに挙兵に向けて鳩首《きょうしゅ》をめぐらせたのだろう。同じ相模国には平氏被官の大庭景親がいたから、相模国衙《こくが》の主導権争いという側面もあって、義澄は頼朝の挙兵を助けたのだ。しかし義澄率いる三浦勢は、河川の氾濫で石橋山の合戦に間に合わず、頼朝は大敗する。三浦勢は本拠の衣笠城（横須賀市）へ引き返す途次、平氏方についた畠山重忠・河越重頼・江戸重長ら武蔵勢と由比ケ浜（鎌倉市）で戦って敗れ、次いで衣笠城（横須賀市）も包囲された。義澄の老父義明は城を枕に討ち死にしたが、その義明の命で義澄らの一族は、安房へ逃れた頼朝と合流すべく海上へ脱する。

その後、治承寿永の内乱（源平合戦）では、嫡男の義村とともに源範頼軍に従って西国へ下向し、範頼が九州へ渡った後は、彦島（下関市）にいた平氏軍の抑えとして周防に居残っている。また、頼朝の奥州遠征にも参陣している。

このように義澄は頼朝にとっても挙兵の初戦以来、支えてくれた臣。その功が認められ、義澄は相模国の検断権（司法・警察権）をえて、事実上の相模国の守護となった。しかし建久一〇年（一一九九）正月に頼朝が亡くなった際、義澄は七三歳。当時ではかなりの高齢に達していた。頼朝後の合議制メンバーを支える一人になったものの、その一年後にこの世を去り、幕府の主導権争いに加わることはできなかった。

一方、その義澄の跡を継いだ三浦義村（生年不詳〜一二三九）は母親が従姉妹同士ということもあって、北条義時と盟友といってもいい関係を築き、義時の政治に協力する姿勢を貫いた。

和田合戦では一族の和田義盛と戦い、承久の乱では後鳥羽上皇方となった弟胤義からの密書を北条へ差しだし、その弟とも戦っている。結果、「三浦の犬は友をくらう」（『古今著聞集《ここんちょもんじゅう》』）と同僚に批判されつつ、三浦氏は幕府内での勢力を保つことに成功した。

だが、義時の曾孫時頼《ときより》（四代もしくは五代執権）の時代の宝治元年（一二四七）、評定所のメンバー）だった三浦泰村《やすむら》（義村の嫡男）が、前将軍九条頼経を立てて幕府の実権を奪おうとした名越光時《なごしみつとき》らの陰謀に加盟していたとされ、泰村以下一族近親五〇〇余人が鎌倉法華堂で自害する（宝治合戦）。こうして義村が「犬」と揶揄《やゆ》されながらも尽くした北条氏に事実上、滅ぼされるのだ。

※**後三年の役**＝永保三年（一〇八三）～寛治元年（一〇八七）。前九年の役後、奥羽に力を伸ばした清原氏の内紛に陸奥守として赴任した源義家が介入し、藤原清衡《きよひら》（奥州藤原氏の祖）を助けて清原家衡《いえひら》を滅ぼした。

謎36 北条一族との同盟を決意した頼朝の知恵袋「大江広元」

大江広元（一一四八〜一二二五）・三善康信・中原親能・二階堂行政はいずれも下級貴族出身。京の都にいたら鳴かず飛ばずだったところ、鎌倉への下向後、源頼朝に官僚としての能力を買われた面々だ。その意味では、ほかの一三人合議制メンバーと毛色がちがう。幕府創業の功臣である千葉常胤あたりが、彼ら幕府官僚へ不快感を示したこともあったほどだ。武断派である御家人と彼ら幕府官僚との間のわだかまりはあったようだが、それが大きな亀裂とならなかったのは、関東武士たちも官僚の力なくして鎌倉の政権を運営することが難しいと自覚していたからだろう。

その幕府官僚の筆頭が大江広元だ。実父は大江維光《これみつ》とされるが、中原家へ養子に入り、六九歳で復姓するまで中原姓を名乗っているので、厳密には中原広元だ。義理の弟で合議制メンバーの中原親能が平氏の探索を逃れ、鎌倉の源頼朝に仕えたことから、安芸権介《ごんのすけ》というぱっとしない官職についていた広元も鎌倉へ下向し、頼朝に近侍するようになる。義弟の親能が鎌倉へ逃れたのが、頼朝の挙兵の年である治承四年（一一八〇）の暮れ。広元はおおよそ三年後の元暦元年（一一八四）に入ってすぐ鎌倉入りしたとみられ、その年の一〇月、いきなり公文所（頼朝の家政機関）の別当に任じられた。先に頼朝に近侍していた親能から広元の能力の高さを聞いた頼朝が、やはり合議制メンバーの三善康信とともに鎌倉へ呼び寄せたのだろう。

事実、広元はその後、頼朝の知恵袋として諮問に応えつづける。たとえば内戦に敗れた平氏の総帥宗盛が捕虜として鎌倉へ送られてきた際に会うべきかどうかを下問し、頼朝は広元の言葉に従い、拝謁を許さなかった。また謀叛の噂をたてられた頼朝の義弟範頼が起請文を差し出した相手は広元。同じく義弟の義経が、その思いを滔々《とうとう》と綴《つづ》った腰越状を差し出したのも広元だった（ただし、腰越状の真偽は疑われている）。

建久元年（一一九〇）一一月に内乱の勝利者として頼朝が上洛した際には、二か月早く鎌倉を発ち、都でその下準備に奔走している。その後、広元は京へなんどかのぼり、朝廷と幕府の調整にあたるようになる。内政面では初代政所別当として幕府の政務全般にあたった。建久元年に上洛した頼朝は右近衛大将へ任官した後すぐ辞職したものの、「前右大将」として公卿（三位以上の者）の地位にのぼっていたことから、公卿が家政機関の政所を開設している例にならった。そうして頼朝はこれまでの公文所を格上げし、広元がそのまま政所別当のポストへ横滑りしたのである。ここに「前右大将家政所＝幕府の政務機関」が誕生し、翌建久二年正月一五日に吉書始め（仕事はじめ）がおこなわれた。

こうして頼朝の知恵袋的な役割を担った広元だが、頼朝の死後は北条一族との同盟を意図した動きをみせはじめる。その契機は、梶原景時失脚事件（一二〇〇年）だった。この事件の背後には阿波局（北条時政の娘）の陰謀があったともいわれるが、このとき北条一族と広元は、景時失脚を図る御家人らとの距離を置き、六六名の弾劾状に署名していない。むしろ広元は、和田義盛らに弾劾状を託されたにもかかわらず、二代将軍頼家へ一〇日あまりも取り次がず、義盛からなぜ上申しないのかと詰め寄られている。その後、「比企の乱」が起きた際には北条時政から味方するよう誘われたものの、時政に「賢慮《けんりょ》」を求めて比企氏誅戮《ちゅうりく》に賛成はしないが反対もしないという微妙な態度をつらぬいた。しかし比企氏が没落すると、幕府内のパワーバランスは一気に北条一族へ傾き、それ以降は北条氏と歩調を合わせ、同盟関係が鮮明となる。

やがて広元とともに政所別当についた時政がその後失脚すると、三善康信とともに義時邸で事後の策を練り、以降は義時と一蓮托生《いちれんたくしょう》の関係をつづける。その象徴が建暦三年（一二一三）の和田合戦だろう。義時邸とともに広元邸が和田勢の攻撃にさらされたからだ。また、このとき広元は、保管している文書類を戦乱から守るため政所に拠《よ》ったと伝わる。

陸奥守に任じられた建保四年（一二一六）、六九歳の高齢に達していた広元は大江姓へ復したものの、翌年眼病にかかる。その二年後には邸が大火に焼かれる不幸がつづいた。それでも後鳥羽上皇が挙兵すると（承久の乱）、義時の邸での軍評定に駆けつける。広元は「守勢になれば敗北の因となる。それより運を天道にまかせ、早く軍兵を京へ発遣《はっけん》すべきだ」（『吾妻鏡』）と威勢のいい発言をし、そのとおり幕府軍は京へ攻めのぼって上皇軍をやぶるのだ。ただし『吾妻鏡』は北条氏と同盟者である広元に甘く、文官で当時としてはかなりの高齢に達している広元が、このような発言をするはずがないという解釈で落ちついている。

ともあれ乱の四年後、幕府の運営に半生を捧げた男は七八歳でこの世を去った。

謎37

頼朝と北条父子の運命を決めた「三善康信」

三善康信（一一四〇～一二二一）こそが、源頼朝と北条父子にとって運命の人といえる。治承四年（一一八〇）六月一九日、伊豆へ配流されていた源頼朝のもとへ、三善康信の使いの者が驚くべき知らせをもたらしたからだ。平清盛が相模の大庭景親に源有綱（その年の五月に宇治で敗死した源仲綱の子）追討の任を与えていたこともあり、以仁王の令旨を受け取っている可能性のある頼朝も粛清される恐れがあるというのだ。康信の使者は「奥州へ逃げよ」と伝えたが、逃げるくらいなら一か八か、反平氏の旗を挙げてみる価値はある。そう考えて頼朝は挙兵したとみられる。頼朝の舅である北条時政や政子、義時らの運命もその決断とともに決まったといえる。

本稿の主役級の者らの運命を定めた男の母親は頼朝の乳母の妹。有綱追討の話のほかにも、「平維盛が大軍を率いて京を発った」「清盛が亡くなった」――などの情勢を幾度となく頼朝へ伝え、いわゆる機密事項も含まれていた。つまり彼は頼朝のスパイとしての役割を果たしてきたのだ。康信は中宮職の主典《さかん》（中宮付きの役人）という、これまた大江広元と同じくぱっとしない官職につき、都での出世が望めなかったので一か八か、先物買いのつもりで頼朝の将来に賭けたのだろう。

『吾妻鏡』の元暦元年（一一八四）四月一四日条に「入道善信（俗名康信）ら京都より参着」とあり、康信がその日鎌倉入りしたことがわかる。三善氏はもともと明法道《みょうぼう》（いまでいう法学）に携わる家柄で、訴訟を取り扱う組織の長官を探していた頼朝には、うってつけの人物に映ったのだろう。広元が別当になった公文所（のちの政所）より少し遅れて問注所が設置され、康信は長官である執事についた。原告・被告双方を取り調べ、互いの言い分を書面に書きとめることを「問注」と呼び、康信は問注所の寄人《よりうど》らと訴訟の処理にあたった。当時の訴訟といえば領地争いが中心だが、一か所の領地を命懸けで守り抜くことを「一所懸命」というとおり、訴訟の勝ち負けは御家人たちにとって死活にかかわる大問題。よって問注所では、原告と被告がみずからの主張をぶつけあった。もともと問注所は大倉御所の東の廂《ひさし》二間を間借りする形で運営されていたが、怒号飛び交う光景に頼朝が辟易《へきえき》したのか、のちに役所は康信の邸内に移された。

また康信は頼朝の死後、広元とともに北条一族シンパとしての行動が目立つようになり、承久の乱をめぐる軍評定で広元とともに積極論を述べている（ただし、広元の場合と同じく疑問が残る）。ともあれ彼は、承久の乱の幕府軍の勝利を見定め、承久三年八月九日にこの世を去る。広元より四歳長生きして八二歳という長寿を全うした。

謎38

文武両道の幕府官僚「中原親能」

幕府官僚の中で中原親能《ちかよし》（生年不詳～一二〇九）だけが一風変わったキャラクターの持ち主だった。明経博士《みょうぎょうはかせ》中原広季の子として生まれ、斎院司《さいいんのつかさ》（賀茂社に奉仕する女官たちを監督する役所）の次官という官職についていた。幼少年期を相模国で過ごしたことを除くと、その前半生はわかっていない。その相模在国時代、土地の豪族である波多野経家《はたのつねいえ》の娘を娶り、妻とした。ちなみに二人の間に娘が生まれ、彼女が頼朝の娘乙姫《おとひめ》（※1）の乳母になる女性だと考えられている。この相模時代に流人時代の頼朝の知遇をえたらしく、のちに都の公卿から「頼朝と甚深《じんしん》の知音《ちいん》」と評されるほどの関係を築くことになる。

その後、都にもどった親能は源中納言雅頼の家人となり、その子息兼忠の乳母夫になっている。その乳母は、親能が初めの妻とした波多野経家の娘とは別人だろう。ともあれ、こうして頼朝挙兵の年である治承四年（一一八〇）の年を迎える。暮れも押し迫った一二月六日の明け方、雅頼邸に平宗盛の命令で平氏方の探索の手が伸びた。親能が頼朝と通じているという話が平氏方に伝わり、親能を召し捕って尋問しようとしたのだ。平氏方の武士は寝所として使う塗籠《ぬりごめ》の中まで踏みこみ、夜具まで剝ぎ取って調べたが、親能の姿は見つからなかった。彼はその夜半、ひそかに雅頼邸を抜けだし、行方をくらましていたのだ。複数の公卿の日記に記載される事件である。

おそらく彼は、そのまま鎌倉へまで逃げたのだろう。公文所（のちの政所）ができると、彼はその寄人となった。

その親能は、幕府官僚の枠にはまらない人物だった。まず木曽義仲を追って源義経とともに都に入り、都ではまたぞろ雅頼の邸で厄介になりながら、頼朝の意向を朝廷へ伝える役目を果たした。その後、一谷の合戦では義経軍に属し、さらに源範頼軍に従軍して山陽・九州と転戦した。『延慶《えんきょう》本平家物語』によると、壇浦の合戦にも参加し、「文武二道の達人」と称された。文官だとあなどる平氏方の武士の首を射抜いたともいう。事実かどうかわからないが、彼が幼少期に荒々しい関東で育ったことや、平氏の探索を逃れて京を脱出する行動力をみると、「文武両道」を誇張とはいえまい。それはのちに彼が鎌倉より遠く離れた九州の御家人を束ねていることからもうなずけよう。

彼が天野遠景《あまのとおかげ》（※2）の後をついで建久六年（一一九五）五月に「鎮西守護人」に任じられたと示す「政所下文」がある。これには偽文書の疑いが生じているものの、『大分県史（中世編）』では、建久六年以降に親能が豊後国の訴訟で裁可を下す史料をあげ、少なくとも豊後国守護であったと推定している。ちなみに親能は、舅である波多野経家の子息を猶子《ゆうし》に迎えており、その猶子が大友能直《よしなお》。彼の末裔が豊後の守護大名となり、戦国時代にキリシタン大名大友宗麟《そうりん》を輩出する。大友という氏名は、もともと相模国の郷名である。猶子の能直がその地を領し、大友と名乗ったことに由来する。

また親能は京都守護としても活躍したが、乙姫の死がショックだったらしく、それを機に出家している。承元二年（一二〇八）一二月、京で没した。

※1 乙姫＝頼朝の長女大姫・長男頼家に次ぐ第三子で実朝の姉。のちに挙兵する後鳥羽上皇が天皇の御《み》代《よ》、乙姫を女御として入内させる計画があった。すなわち、後の時代の用語でいう「公武一和」の象徴となる女性だった。しかし彼女は、父頼朝が急死したのを追うように病にかかり、正治二年（一二〇〇）に夭折《ようせつ》したため、実現しなかった。中原親能は乳母夫にあたり、彼女を慈しんでいたのだろう。死後、親能の邸があった亀谷《かめがやつ》傍らの墓に葬られた。

※2 天野遠景＝藤原景光の子で伊豆国の天野に住したところから天野と名乗る。頼朝挙兵のときより近侍し、「鎮西奉行人」として、平氏の勢力が強かった九州を幕府の支配下に組み入れることに努めた。しかし、遠景の武断的な政策に九州の御家人らが反発し、建久五年（一一九四）年ごろに職を解かれ、鎌倉に帰ったが、晩年は不遇であった。

謎39 大江広元の部下だった地味男「二階堂行政」

　四人の幕府官僚の中でもっとも地味な印象を抱かせる男である。しかし源頼朝にとって、二《に》階堂《かいどう》行政《ゆきまさ》（生没年不明）はなくてはならない行政官である。事実、幕府創成期において重要な役割を果たした。

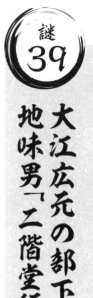

　父は藤原南家（※）の流れをくむ藤原行遠《ゆきとお》。頼朝との関係でいうと母の生家が鍵となる。母は熱田大宮司藤原季範《すえのり》の妹の子。季範の娘が頼朝の母だから、頼朝の母と行政の母は従姉妹どうし。治承四年（一一八〇）の除目《じもく》で主計少允《かずえのしょうじょう》に任じられているが、彼もまた京での出世より、母方の縁者である頼朝に将来を託して鎌倉へ下った下級貴族の一人。いつごろ鎌倉へ下向したかは定かでないものの、『吾妻鏡』では元暦元年（一一八四）、新造された公文所上棟に奉行として登場する。

　まず公文所の寄人に名を連ね、つづいて公文所が政所に格上げされた後、別当の大江広元につぐ地位についた。政所別当が複数制になった際に昇格。ボスにあたる広元が朝廷との交渉で上洛して不在がちな文治・建久年間（一一八五年～一一九九年）には、代わって幕府全般の政務にあたった。また頼朝が奥州藤原氏を滅ぼした奥州合戦では、軍奉行もつとめている。

その奥州合戦（一一八九年）後、頼朝は平泉・中尊寺の大長寿院などを参考に、奥州合戦で亡くなった将兵の鎮魂のために鎌倉に永平寺《ようへいじ》を建立した。その象徴が建久三年（一一九二）に完成した二階堂（二階建ての堂舎という意味）。発掘調査で二階堂を中心に、その両側に薬師堂と阿弥陀堂を配する大伽藍《だいがらん》だったこともわかった。その付近に行政の邸があったことから、藤原行政あらため二階堂行政と称した。

一三人合議制メンバーになった後の活動はわからなくなるが、ボスの広元とともに北条政子・義時の姉弟と同盟関係を築いたとみられる。政所における地位は行政の子孫に引き継がれ、やがて政所執事の職は二階堂氏に世襲されていく。ちなみに鎌倉幕府が滅びた際の政所執事は和歌・儒学に通じ、自身で「賢人」と自称した二階堂道蘊《どううん》である。

※**藤原南家**＝藤原四家のひとつ。藤原不比等の長男武智麻呂《むちまろ》を祖とする。武智麻呂の長男豊成は右大臣となったが、次男仲麻呂（恵美押勝《えみのおしかつ》）が乱を起こし、以来家運は衰え、藤原氏の主流は北家に移った。

謎40

源平合戦の口火を切った「佐々木兄弟」が『鎌倉殿の13人』に入らなかったワケ

佐々木四兄弟（宇多源氏）の活躍なくして源頼朝の挙兵はなかっただろう。兄弟の父佐々木秀義《ひでよし》は近江国蒲生《がもう》郡佐々木荘（近江八幡市）を領していた。ところが平治の乱で源義朝（頼朝の父）に与して敗れ、所領を保つことができなくなって、相模国高座《こうざ》郡渋谷荘（綾瀬市・藤沢市）の渋谷重国《しげくに》（※1）のもとへ寄寓《きぐう》（他人の家に住むこと）した。四兄弟のうち、三兄弟は父と同じく関東へ下り、伊豆へ流された頼朝の配所へ顔をだすようになる。四男はまだ幼かったため、京の吉田（左京区）あたりで親戚の世話になっていたようだが、頼朝の挙兵にあわせ、関東へ下向した。彼らの願いは本領（佐々木荘）の回復。そのため、平治の乱から苦節二〇年におよぶ流浪生活を耐え忍んでいたのである。

兄弟の名は長男定綱《さだつな》（一一四二～一二〇五）・次男経高《つねたか》（生年不詳～一二二一）・三男盛綱《もりつな》（一一五一～没年不詳）・四男高綱《たかつな》（生年不詳～一二一四）。父秀義は源平合戦の最中に討ち死するが、四兄弟とも内乱を生き抜き、本貫地である近江の守護をはじめ、一時的にせよ、全国で多くの守護職（石見・長門・淡路・阿波・土佐・伊予・越後）をえて、各地に足跡を残した。たとえば、出雲には四男高綱の終焉地《しゅうえんち》伝説が残り、彼が長州藩士乃木希典《のぎまれすけ》（のちの明治新政府陸軍大将）の乃木氏の祖になったと伝承される。一方、長男定綱の家系は南北朝期の著名人である佐々木道誉《どうよ》（※2）を生み、定綱の子孫たちは六角・京極氏として戦国の世を生き抜いた。

ところで、治承四年（一一八〇）六月に挙兵を決意した頼朝は、まず卜占《ぼくせん》などで八月一七日の挙兵と決めた。この後、配所に通う武士の中で身命をなげうつ覚悟の勇士だとみこんだ者だけを招き、それぞれに「汝だけが頼りだ」と伝えた。『吾妻鏡』には工藤茂光《くどうしげみつ》・土肥実平・岡崎義実・天野遠景・加藤景廉《かげかど》らの名とともに佐々木三郎盛綱の名が記されている。四兄弟の中で頼朝は四歳年下の盛綱ともっともよく気が合ったようだ。

挙兵日が八日後に迫った八月九日には、四兄弟の父秀義が大庭景親に招かれ、「貴殿とは長年の契りもあるゆえ、特別に話すのだ」として重大な話をもらされる。景親は石橋山の合戦で頼朝軍を叩きのめす平氏方の大将。秀義が寄宿する渋谷重国も当初は平氏方だから、景親はまさか秀義が心の中で反平氏の執念を燃やしているとは夢にも思っていなかったのだろう。彼は「在京時に平氏の侍、上総介忠清《ただきよ》と面会し、彼から北条四郎（時政）らが頼朝を大将として反逆を起こそうとしていると聞いた。貴殿の子息らがまだ頼朝のもとへ伺候しているのなら気をつけたほうがよい」と語り、秀義はあわてて長男の定綱を頼朝のもとへ走らせた。こうして挙兵の計画は、より慎重に進められることになる。

挙兵の前日にあたる八月一六日は前夜からの雨が終日降りつづき、翌日の挙兵に影響がでそうな天候だった。しかも一六日には必ずもどってくるといって帰った佐々木兄弟があらわれない。そして夜が明ける。予定ではこの日の未明に挙兵する予定だったが、兄弟がこない以上、延期せざるをえない。午後になってようやく四兄弟が頼朝の配所に到着し、事情をたずねると、途中、洪水のために遅参したという。たしかに定綱・経高こそかろうじて疲れ馬にまたがっているが、盛綱と高綱は歩きだった。その姿からも行路の難儀が思い起こされ、頼朝は涙を流して喜んだ。

こうしてその日の未明の出陣は延期されたが、逆にそれが幸いする。一七日の夜は三島大社の祭礼日で、平氏の目代山木兼隆の邸の警備が手薄になったからである。頼朝は「汝だけが頼りだ」といった者のうち、盛綱と加藤景廉を身辺の警護役として配所に残し、残りの者ら（八〇騎ほど）を出陣させた。その源氏勢は二手にわかれ、佐々木三兄弟は北条時政の指示で、兼隆の後見役である堤信遠の邸を襲った。そのとき経高の放った矢が文字どおり源平合戦の第一矢となって、佐々木兄弟が信遠を討ち取るのである。一方、兼隆邸の源氏勢はやや苦戦していたようだ。配所で頼朝は、山木邸方面から戦勝を告げる狼煙《のろし》があがるのを待ちわびたが、いっこうにあがる気配がない。そこで近くに侍《はべ》る盛綱と景廉、堀親家《ちかいえ》の三人に加勢を命じる。彼らは馬にも乗らず、山木邸へ急行すると、盛綱は景廉とともに兼隆の首を挙げた。後見役の信遠を討ちとったことも含め、佐々木四兄弟の大手柄であった。

その後も兄弟の活躍はつづき、とくに四男の高綱は多くの逸話を残している。頼朝は石橋山の合戦で大庭勢に大敗し、椙山《すぎやま》の山中へ逃れた。その際に高綱が頼朝の名を騙《かた》り、つまり身代わりになって敵を引きつけたことで頼朝は死地を逃れることができたと伝わる。

また、寿永二年（一一八三）一二月に木曽義仲を討つ源義経の軍勢に属した高綱が梶原景季（梶原景時の嫡男）と先陣争いした話は有名だ。高綱は頼朝から賜った名馬の「いけづき」にまたがり、先に宇治川へ乗り入れていた景季を抜き去り、見事、一番乗りを果たしたという話が『平家物語』に記されている。

しかし高綱は文治二年（一一八六）ごろ出家し、政治の一線から退いて「一三人合議制メンバー」に名を連ねることはなかった。輝かしい経歴を残しながら、なぜ高綱は出家したのだろうか。『尊卑分脈《そんぴぶんみゃく》』には「勲功をなすといえども本意にあらざるによりて出家し、高野（山）に住す」とある。何か不本意なこと、つまり不満があって抗議の意味で出家したと受け取れる。『源平盛衰記』になると、より具体的だ。石橋山の合戦で頼朝が椙山の山中に逃れ、高綱が頼朝の身代わりになったとき、頼朝は彼に感謝し、「日本の半国を与える」と約束したにもかかわらず、内乱を制した頼朝が高綱に与えたのは備前・安芸などの七か国の守護職だった。そこで高綱は「約束がちがう」といって世を恨み、髻を切って高野山に入ったという。しかし、そもそも梠山で高綱が頼朝の身代わりになった話は信用できる史料で確認できない。『吾妻鏡』では、高綱が石橋山の合戦で頼朝に随行していた事実を淡々と記すのみである。おそらく高綱の功名への嫉妬《しっと》などもあって生まれた話なのだろう。ただ何もないところに煙はたたず、彼が恩賞に不満だったところまでは事実かもしれない。武士としての自尊心が強い分、頼朝に認められなかったことへの憤りが出家という行動には走らせたのだろう。

一方、長男の定綱はその晩年、近江守護の立場から在京することが多く、頼朝の信任も厚かった。しかし頼朝の死後、『吾妻鏡』にほとんど登場せず、逆に嫡男広綱の頻度が高まるところから、頼朝の死と同時に隠居したとも考えられる。

次男の経高はどうか。彼は頼朝の死後、みずから守護につく淡路・阿波・土佐の軍勢を京に集め、それが後鳥羽上皇の逆鱗に触れ、守護職を剝奪された。出家した後に許され、承久の乱ではその後鳥羽上皇の挙兵に応じ、幕府軍に敗れて自害する。もっとも頼朝に可愛がられた三男盛綱もその側近として仕えたが、頼朝の死後に出家し、以降は政治の一線での活躍がみられなくなった。

※1 渋谷重国＝坂東八平氏の一流である秩父氏のうち、南武蔵に進出した河崎基家の一族がさらに相模

国へ転じて、基家の孫重国が渋谷荘司となって渋谷氏を称したとされる。重国は源頼朝挙兵の際、平氏方に与したが、かねてから扶養していた佐々木一族が頼朝に参じて石橋山から敗走してくると、ふたたびこれを匿い、頼朝の麾下に転じた。ちなみに、河崎基家が武蔵谷盛《やもり》荘（渋谷区）に城を築き、それがのちに一族の氏名をとって渋谷城と呼ばれ、現在の渋谷の地名の由来になったといわれる。ただし、重国の父河崎重家が京の御所に侵入した賊を捕え、その賊の名を渋谷権介盛国といったため、堀川上皇によって渋谷の姓を与えられたとする説もある。

※2 佐々木道誉＝佐々木信綱の三男泰綱《やすつな》は京都六角東洞院《ひがしとういん》に住して六角氏を称し、近江国守護となり、四男氏信《うじのぶ》は京極高辻《たかつじ》に住して京極氏を称した。京極氏は五代佐々木高氏《たかうじ》（道誉）によって繁栄の基礎が築かれた。道誉は鎌倉幕府滅亡期と南北朝期にかけて足利尊氏《あしかがたかうじ》に重用され、その勢いは惣領家六角氏をしのいだ。こうして京極氏は室町幕府評定衆に列し、侍所所司の家格（四職《しき》）をえた。

謎41

武士の中の武士と呼ばれた「畠山重忠」の生きざま

坂東八平氏の末裔である畠山重忠《はたけやましげただ》（一一六四～一二〇五）は、武士の鑑《かがみ》と称えられる。母は三浦義明の娘で、父重能《しげよし》にもこんな俠気《きょうき》ある逸話が残る。源氏の内訌の際、源義平《よしひら》（頼朝の兄）に与し、源義賢《よしかた》（頼朝の叔父）を攻め滅ぼしたが、その遺児駒王丸《こまおうまる》（のちの木曽義仲）がまだ幼少であるという理由で匿い、木曽へひそかに送った。重忠は一三人合議制メンバーにはふくまれていないが、彼を除いて御家人列伝は成立しない。

ただし歴史デビューは、皮肉なものとなった。頼朝旗挙げ当時、父重能が平氏に随身して大番役についていたため、平氏方となって三浦義澄（のちの一三人合議制メンバー）の軍勢と鎌倉の由比ケ浜で戦い、三浦勢と頼朝との合流を阻んだ。そのため頼朝は石橋山で大敗北を喫するが、房総半島で軍勢を立て直し、大挙して武蔵国に入ると、武蔵菅谷《すがや》（埼玉県嵐山町《らんざんちょう》）を本拠にする重忠が旗下に馳せ参じた。頼朝がすんなり重忠の帰参を許したのは、平氏方につかざるをえなかった事情や重忠の評判を聞いていたからだろう。

重忠の生きざまをよく表している事件が文治三年（一一八七）六月に起きる。伊勢国の沼田御厨《みくりや》（松阪市）で重忠の代官が横領事件を起こし、重忠にも疑いがかかって所領は没収。身柄を千葉胤正《たねまさ》（頼朝親衛隊＝次項参照）に預けられた。重忠は絶食して身の潔白を示したため、頼朝も許し、重忠は菅谷の邸へ帰ることができた。ところが、『吾妻鏡』によると、一一月四日の夜、梶原景時（のちの一三人合議制メンバー）が頼朝に「重忠は重罪を犯していないのに身柄を拘束されたことに不満を抱き、謀叛を企てていると風聞がございます」と注進した。これも景時の讒言のひとつに数えられる。その多くは冤罪《えんざい》といえるが、この件については正真正銘の讒言、もしくは風聞を頭から信じたことによる誤った進言といえそうだ。

ともあれ頼朝は翌朝、下河辺行平《しもこうべゆきひら》（頼朝親衛隊）・結城朝光《ゆうきともみつ》（同）と三浦義澄・和田義盛（のちの一三人合議制メンバー）らを招集し、「重忠へ仔細を問いただすか、討手を差し向けるかどうすべきか」と意見を求めた。すると朝光が重忠の無実をこう述べた。

「重忠は天性実直な者。物事の道理をわきまえており、とても謀叛を企てるとは思えません。代官が犯した罪によって謹慎し、ひたすら神宮（御厨は伊勢神宮の荘園）を畏怖《いふ》しております。その重忠がどうして怨恨《えんこん》を抱くでしょうか」

この意見ひとつみても、重忠がいかに御家人らの尊敬を集めていたかがわかる。頼朝は二一日に重忠の「弓馬の友」である下河辺行平をつかわし、彼にともなわれて重忠が鎌倉へ帰ってきた。

重忠は梶原景時へ逆心がない旨あらためて述べると、景時は「謀叛の企てがないのなら起請文を差し出せ」といってきた。そこで重忠はこう言い放つ。

「起請文は身にやましいと思う者が書くもの。人の財宝を奪い、（土地を横領し）世渡りにたけていると思われることすなわち、この身の恥辱。そのように思われるのならまだ謀叛を企てていると思われたほうがましだ」

そうして、それ以上の申し開きはせず、起請文の提出も拒んだ。武士の意地であった。この重忠の言葉を伝え聞いた頼朝は感動して重忠を許したという（以上、『吾妻鏡』）。

こんな重忠だから、彼のシンパは幕府内にも多かった。北条義時もその一人だ。しかし、ふたたび重忠に謀叛の疑いがかかる。

なんども合戦や事件の舞台となった鎌倉由比ケ浜

すでに頼朝はこの世になく、三代将軍実朝の時代になっていた。北条時政と後妻牧の方との間に生まれた娘が源氏一族の平賀朝雅に嫁ぎ、その時政の娘婿が重忠を讒訴《ざんそ》したのである。詳細は第五章を参照していただくとして、結果からいうとこれは時政の罠。元久二年（一二〇五）六月二二日、まず重忠の嫡男重保《しげやす》（母は時政の娘）が由比ケ浜までうまく誘いだされて三浦義村に誅殺された。つづいて重忠もわずかな軍勢を率い、菅谷から鎌倉へ向かう途次、義時率いる軍勢に二俣川《ふたまたがわ》（横浜市保土ケ谷《ほどがや》）で敗れ、愛甲季隆《あいきょうすえたか》の矢にかかって悲運の死を遂げるのである。

重忠の遺領は時政の娘らに引き継がれた。

義時はあとで父時政の罠であったと知り、その謀略に加担した榛谷重朝《はんがやしげとも》と稲毛重成《いなげしげなり》を義村らに指示して殺させている。こうして「畠山重忠の乱」と呼ばれる事件は、義時が父時政の失脚を図る引き金になるのである。

謎42 頼朝親衛隊「鎌倉殿の一一人」の面子

大河ドラマ『鎌倉殿の13人』の「鎌倉殿」は、集団指導体制という時代の状況からいって二代将軍頼家を指している。しかし、「鎌倉殿の――」と形容する相手としてふさわしいのは、初代鎌倉殿である頼朝をおいてほかにはいまい。

治承五年（一一八一）四月七日条の『吾妻鏡』に「鎌倉殿（頼朝）の一一人」といいたくなる面々の記載がある。「御家人等中《ちゅう》、ことに弓箭に達するの者、また、御隔心無きの輩を撰《えら》び、毎夜御寝所の近辺に候《こう》ずべきの由を定めらる」として一一人の御家人の名が記されている。細川重男氏は彼ら一一人を「頼朝個人の親衛隊」（『執権』）というべき存在だと論じている。

以下、頼朝親衛隊（寝所《しんじょ》伺《し》候衆《こうしゅう》）のメンバーを紹介しておこう（『吾妻鏡』の記載順）。

▽**江間四郎**＝北条義時（詳細は第三章参照）。

▽**下河辺《しもこうべ》庄司《しょうじ》行平《ゆきひら》**（生没年不詳）＝下総国葛飾郡下河辺荘（現在の埼玉県東部の中川流域で千葉県・茨城県の一部を含む）の荘司。頼朝挙兵以来の御家人。武芸にすぐれ、頼家の弓の師範もつとめた。

▽**結城七郎朝光**（一一六八～一二五四）＝下野国の在地武士・小山政光の子息で頼朝に下総国結城の地を安堵され、結城氏を名乗る。母の寒河尼《さむかわのあま》は、頼朝の乳母の一人で八田知家（一三人合議制メンバー）の母と姉妹の関係にある。

▽**和田次郎義茂**《よししげ》（生没年不詳）＝和田義盛（一三人合議制メンバー）の弟で弓の名手。「和田合戦」では北条方についた。

▽**梶原源太景季**《かげすえ》（一一六二～一二〇〇）＝梶原景時（一三人合議制メンバー）の子息。木曽義仲追討軍に加わり、宇治川の合戦で佐々木高綱と先陣争いした話は有名。父景時とともに追放され、上洛の途中に討手に討たれる。

▽**宇佐美平次実政**（生年不詳～一一九〇）＝伊豆国田方郡大見荘（中伊豆町）の在地武士。石橋山の合戦から頼朝にしたがう。奥州で大河兼任が反乱した際に大将軍として遠征するが、討ち死した。

▽**榛谷**《はんがや》**四郎重朝**《しげとも》（生年不詳～一二〇五）＝武蔵国の在地武士・小山田氏の一族で小山田有重の子息である重朝が榛谷御厨（現横浜市）を領し、榛谷氏を称した。重朝も武芸を買われた。北条時政が畠山一族を滅ぼした陰謀が勃発した際、時政の娘婿で陰謀に加担した稲毛重成（重朝の兄）とともに北条義時に討手を差し向けられ、討ち死にした。

▽**葛西三郎清重**（一一六二～一二三八）＝武蔵国の在地武士・豊島清光の子息。本領は下総国葛

西御厨（葛飾区・江戸川区）。奥州合戦の際の功により奥州総奉行となる。承久の乱では幕府の重臣として軍議に参加した。

▽**三浦十郎義連《よしつら》**（生没年不詳）＝三浦義澄（一三人合議制メンバー）の弟。のちに和泉・紀伊両国の守護となる。

▽**千葉太郎胤正《たねまさ》**（一一四一〜一二〇三）＝千葉常胤の子息。彼も弓矢にすぐれた一人。奥州藤原氏が滅亡したあと、泰衡の家人だった大河兼任が蜂起した際に大将軍の一人として追討にあたった。父常胤の死後、下総国の守護となる。

▽**八田太郎知重《ともしげ》**（生没年不明）＝八田知家（一三人合議制メンバー）の子息。小田城（つくば市）を築き、子孫が小田氏を称する。

謎43

「上総広常」「千葉常胤」が明暗分けた本当の理由

治承四年（一一八〇）八月、伊豆に配流されていた源頼朝は初戦に勝利したものの、石橋山の合戦に敗れ、真鶴岬から船で安房へ逃れた。こうして頼朝の挙兵は失敗する。ここで二人の武士が頼朝を助けなければ、のちの鎌倉幕府は誕生しなかっただろう。

上総国の上総広常《ひろつね》（生年不詳～一一八四）と下総国の千葉常胤（一一一八～一二〇一）である。広常は千葉県の一宮町・いすみ市あたりを、常胤は千葉の由来となった千葉荘（千葉市）を領し、いずれも先祖を同じくする良文流桓武平氏（坂東八平氏）の一族だ。頼朝挙兵直後の三重鎮といえば、この二人と三浦義澄を指す。

二人はいずれも頼朝の功臣であるにもかかわらず、明暗を分け、広常は頼朝に謀殺され、常胤の一族は九州にまで広がって栄えた。通説は、その理由を二人の性格の差——広常は、頼朝を見下すほどの自信家であった半面、常胤は頼朝への忠節心が厚かったとしている。広常が頼朝に嫌われ、常胤が頼朝に好かれたというのだ。果たしてそうだろうか。

まずは通説にしたがい、頼朝が房総半島に逃れてきたあたりから話をはじめよう。安房に上陸した頼朝はまず広常を頼り、上総へ入って使者を送った。しかし広常は「常胤と相談してから参陣する」として、態度を明らかにしなかった。まずこの行為が「二心」あり――すなわち平氏と頼朝の勢力を両天秤にかけていたという悪評を招く。頼朝は去就定かならぬ広常を捨て、常胤のいる下総国へ入り、使者を送る。その使者の口上を聞いて常胤はまるで眠っているかのように一言も発しなかったが、子息の胤正（のちの頼朝親衛隊）らが発言をうながす。すると常胤は「頼朝殿が源氏再興の軍勢を挙げたと聞いただけでこみあげるものがあり、感涙にむせび、言葉がでなかったのだ」と答えた。この反応からして広常とは大ちがい。九月一七日、常胤が三〇〇〇余騎を率い、下総国の国府（市川市）で頼朝を出迎えると、頼朝は「常胤をもって父とする」という賛辞を送った。

頼朝が国府で源氏の象徴である白旗を並べると各地から武士が集まり、遅れて上総広常が二万騎という大軍を連れて参上してきた。このとき広常は、この大軍を目にした頼朝がただひたすら喜ぶだけの男だったら、その大軍で頼朝を討ち取ろうと考えていたという。ところが、頼朝が逆に遅参をとがめたので心服した――このあたりも、のちに広常が謀殺される伏線になっているとされる。しかし常胤の三〇〇〇騎はもとより、広常の二万騎は貴重な戦力だった。頼朝は「源氏ゆかりの鎌倉に入り、そこでまず足元を固めるべき」という広常と常胤らのアドバイスを受け入れる。むろん、頼朝もそのつもりだった。一〇月になって墨田川を渡り、武蔵国を経て相模国の鎌倉へ入った。こののち頼朝は鎌倉を動かず、平氏方が富士川の合戦で大敗し、威信がガタ落ちになって都落ちへとつながる。こうしてみると、大軍勢を率いて頼朝軍に合流した上総広常なくして、その後の頼朝の成功はありえなかっただろう。

ところが翌治承五年六月、頼朝が三浦半島で遊興した際、広常は頼朝の前で下馬しようとせず頼朝の近臣に注意されたものの、「先祖以来三代にわたり、公私ともにいまだかつて下馬の礼を取ったことがない」といい放った。しかも広常はこの話とは別に、誰はばかることなく頼朝を批判し、たとえば「どうして頼朝殿は朝廷のことをそこまで気にするのか。関東で自分のやりたいようになればいいだけではないか」といった。通説では挙兵の際の手柄を誇るがあまり、広常はこのような傲慢な振る舞いをつづけ、やがて頼朝の怒りと猜疑心《さいぎしん》を買い、頼朝側近の梶原景時（一三人合議制メンバー）によって殺される。

以上は主に『吾妻鏡』の話にもとづいている。なんどか書いてきたが、『吾妻鏡』は鎌倉時代半ばに編纂《へんさん》され、当時の執権であった北条氏の意思が入りやすい史料という難がある。たとえば、『平家物語』の中でもっとも史料的価値が高いとされる『延慶本《えんきょう》』では、まだ石橋山で頼朝が敗れる前、広常は頼朝の使者に対して「生きて源氏再興の話を聞こうとは、この身の幸いというしかない。忠を尽くし、名を挙げるのはこの時」と返答したとある。ただそのあと、渡海のための船の調達に時間がかかるから、参陣は早くて八月末になると伝えている。

広常は忠誠の証しとして弟を先発させたが、渡航に手間取り石橋山の合戦に間に合わなかった。

つまり広常は、早くから頼朝の要請に応じていたことになる。したがって彼が遅参したという批判はあたらない。彼が二万の軍勢を率いていたこともその傍証となる。遅参は、広常が両総地方の平氏陣営の武士らを掃討《そうとう》し、両総地方を平定した結果。その掃討戦をようやく終わらせ、下総国府まで進んでいた頼朝に合流したから、遅参したようにみえるだけだと考えられる（野口実著「坂東平氏と『平家物語』」）。

さらに『延慶本平家物語』では、安房へ逃れてきた頼朝が広常と常胤へ「広常を父と頼り、常胤を母と思う」と伝えており、『吾妻鏡』の「常胤をもって父とする」という内容と明らかに矛盾する。また頼朝の前で下馬を拒んだというのはどうかと思うが、朝廷のことを気にせず関東で思う存分やればいいと発言したくだりは、その言葉どおり、関東の御家人の本音を代弁する諫言として逆に評価されるべきだ。それでは、どうして広常は殺されたのか。

やはり、頼朝の猜疑心や警戒心のなせる業というほかない。『吾妻鏡』で広常の評価がおとしめられた理由のひとつに、鎌倉殿である頼朝に忠節を尽くす千葉常胤を美化しようとするあまり、アンチヒーローとして広常の存在が必要だったとされている。『吾妻鏡』の編纂に影響力のあった北条氏と千葉氏が縁戚関係にあったことが背景にあったようだ。

第五章

陰謀うず巻く
鎌倉時代の事件史

謎44 「曽我兄弟仇討ち」事件の真相

曽我兄弟の仇討ちは、忠臣蔵（赤穂事件）と並び称される事件。しかし美談中心の赤穂浪士の物語が見直されつつあるとおり、曽我兄弟の仇討ちも父への忠節を貫いた兄弟賛美から変化しつつある。その中心にあるのが陰謀説だ。真相はどうであろうか。まずは主に『曽我物語』に沿って、この仇討事件を展望してみよう。

安元《あんげん》二年（一一七六）一〇月というから、平清盛が権勢を誇っていた時代のこと。伊豆で関東の武士らが会し、狩りや相撲に興じた。その帰路のこと。馬上を進む河津《かわづ》（伊東）三郎祐泰《すけやす》に矢が命中する。三郎は落馬し、そのまま絶命した。矢を放ったのは、工藤祐経《すけつね》の郎党八幡三郎だった。祐経は、祐泰の父伊東祐親《すけちか》に所領を横領され、恨みを抱いていた。そこで郎党に伊東父子の命を狙わせたのだ。祐親は左手の指を負傷しただけで命に別状はなかったものの、子の三郎祐泰は殺されたのである。

その三郎には、五歳と三歳になる二人の息子がいた。のちの十郎祐成《すけなり》と五郎時致《ときむね》。二人は再婚した母に従い、相模国曽我荘（小田原市）の豪族で養父の曽我太郎祐信《すけのぶ》のもとで成長する。

そして兄五郎が九歳、弟十郎が七歳のとき、工藤祐経を父の仇と意識するようになる。やがて隆盛を極めた平氏は壇浦で滅び、流人だった源頼朝が鎌倉に武家政権を樹立する。そして兄弟の祖父祐親は、治承の内乱で平氏方として活動していたため、関東で頼朝が席巻したのちに捕えられ、自害して果てる。そのうえ祐親は、頼朝がまだ伊豆で幽閉されていた時代、娘が頼朝と通じて生んだ外孫（つまり頼朝の息子）を殺害している。平氏との関係をはばかったためともいわれるが、源氏の世になってみると、祐親は鎌倉殿（頼朝）の息子を殺害した逆賊となる。こうして曽我兄弟の二人は謀叛人の孫という宿命を背負う。

一方の仇である工藤祐経は、鎌倉幕府の有力御家人として頼朝の信頼をえていた。あとは臥《が》薪嘗胆《しんしょうたん》。兄弟はじっと、機会をうかがうことになる。この間、赤穂浪士が苦汁の日々を送り、ドラマティックに描かれるのと同じく、曽我兄弟の場合にもエピソードがいくつか語られるが、その多くは史実でないと考えられるから、ここでは省略させていただく。

そして建久四年（一一九三）五月、ついにその好機がやってくる。頼朝が富士の裾野で大規模な巻狩りをおこなった。巻狩りというのは、山に入った勢子《せこ》が鹿や猪などの獲物を追い下《くだ》し、待ち受けていた武士（射手）が巻きこむようにして獲物を狩るためにそう呼ばれる。その巻狩りも大詰めにさしかかった二八日、兄弟は、父の仇祐経の寝所に忍び入った。祐経は狩りや酒宴の疲れでぐっすり眠っている。あまりの無防備さに兄弟は拍子抜けするが、まず十郎が「工藤左衛門尉（祐経）、起きよ」と、その肩を太刀で刺しつらぬいた。すると祐経が目をあけ、太刀を取って立ちあがろうとするところへ、兄弟はそれぞれ襲いかかり、トドメを刺して兄弟の宿願は成就した。

あっけない幕切れのように思えるが、この物語は、これで終わりではない。宿願を果たした兄弟は、巻狩りには多くの御家人が頼朝に随行しているため、もはや逃れられまいと考え、死を覚悟する。そして騒ぎを知って駆けつけてきた御家人らと斬り合いをはじめるのだ。

兄の十郎は仁田忠常《にったただつね》の手にかかって死を遂げたが、弟の五郎は敵を追って頼朝の寝所へ討ち入った。このとき頼朝も腹巻をつけ、太刀を取って迎え撃とうとするが、大友能直《よしなお》（豊後国のキリシタン大名大友宗麟の祖）に止められる。しかし、五郎の〝快進撃〟もそこまで。ついに捕えられ、頼朝直々の尋問が行われた。その際、五郎は「頼朝を敵《かたき》と思いけるか」、つまり頼朝に恨みを抱いているのではないかと問い質《ただ》されている。

すると五郎は「祖父は君（頼朝）より勘当されて非業の死を遂げ、かたや、君はわれらの仇を重用されている。よって恨んでおります」と答えるのだ。頼朝は意外にも五郎をゆるそうとするが、側近の反対もあって結果、五郎は処刑される。

以上みてくると、兄弟が宿願を果たしたあとの行動に不自然なものを感じる。赤穂浪士の場合、宿願成就ののち、幕府に討ち入りの事実を届け出、静かにその沙汰《さた》を待っている。曽我兄弟も、もはや逃げられぬと覚悟を決めたのなら、そのまま素直に捕らえられればよかったものを、『曽我物語』では御家人ら一〇人と斬り合ったことになっている。しかも、そのうちの一人を追い、わざわざ五郎は頼朝の寝所へ侵入するのだ。

もしも兄弟には工藤祐経とは別に、もう一人ターゲットがいたとしたらどうだろう。頼朝というターゲットが……。

その頼朝は、わざわざ五郎に「敵と思いけるか」と質している。頼朝は、五郎が自分の命を狙ったのではないかという疑いを抱いたととれる記述だ。『吾妻鏡』によると、当時、筥王《はこおう》といった五郎は北条時政の邸で元服の儀式を遂げ、時政に引き出物まで賜わっている。時政はいわずと知れた頼朝の舅。こののち北条氏は政敵を相次いで粛清し、幕府の実権を奪う。

こうして次のような陰謀説が語られるようになる。

つまり時政が兄弟の黒幕となって二人を庇護《ひご》し、彼らに宿願を遂げさせた勢いで、頼朝の命をも狙わせたのだと。しかし暗殺に失敗したら、当然、兄弟のスポンサーである時政に疑いがかかる。時政が頼朝に冷遇されていたとはいえ、そこまでリスクを犯すまい。それに婿を殺してしまったら、鎌倉殿の舅というみずからの立場がなくなる。この事件の真相はいまだ闇の中だ。

謎45

鎌倉殿暗殺にまで発展した「北条VS比企」抗争の一部始終

比企能員は、源頼朝の乳母だった比企の尼の甥（養子）にあたり、娘の若狭局は二代将軍源頼家の妻（実際は「妾《しょう》」）。つまり頼朝の舅であった北条時政にとって、頼家があらたな鎌倉殿となったことによって同じ立場をえた比企能員だけはどうあっても排除しなければならなかった。そこで頼家が病になった機をとらえ、謀略によって比企一族を亡ぼした――比企の乱といわれる事件は、こうして時政を主語として考えるのが一般的だろう。

しかし事件を主導したのは北条政子と弟の義時であって、彼らが時政をなだめすかして実行に移したと考えている。その理由は次のとおり。

①時政が比企能員と妥協していたこと（103ページ参照）。

②時政が比企氏の母をもつ義時の次男朝時を養子にして北条の嫡流にすえようとしたこと（120ページ参照）。

③右の時政の構想は、北条嫡流の地位を望んだ義時にとって認めがたかったこと。

④尼御台所としての立場と権力を手放したくない政子にとっても、比企氏は排除すべき存在だ

ったこと。

以上を念頭にいれつつ、比企の乱と呼ばれる事件の一部始終をみていこう。建仁三年（一二〇三）九月二日。『吾妻鏡』によると、病床に臥《ふ》した将軍頼家の寝所で彼と能員が時政を討つ密談を交わしていたところからはじまる。ところが隣の局には、政子がいた。彼女は障子越しに二人の密談を耳にする。驚いた政子がすぐさま父へ使者の女房をつかわし、時政は頼家と能員の密談の内容を知る。こうして彼は親しい大江広元のところへ行って相談するが、広元は時政に熟慮を求める。

それでも能員への不信感をぬぐいきれなくなった時政は、新たに造立した薬師如来の供養をおこなうという口実で名越の邸へ能員を招き、天野《あまの》遠景《とおかげ》と仁田忠常に討たせることにした。忠常は曽我兄弟の仇討ちで兄の十郎を討ちとり、かつ頼家の長男一幡（次の鎌倉殿候補）の乳母夫でもある。いわば頼家に近い御家人で能員のライバル。時政はそういう忠常の立場を巧みに使い、刺客の役目を与えたのだろう。

一方、能員の邸では時政から仏像供養の誘いを受け、子息らは反対したものの、能員はまんまと時政の謀略にはまり、軽装かつ少人数で時政の名越邸へでかけてしまう。そして前述した二人、遠景と忠常に討ち取られるのだ。

能員が連れていた従者の一人が逃げ帰り、事実を知った一族の者らはその日、九月二日の午後になって、一幡のいる小御所にこもって兵を挙げた。しかし、政子が弟の義時や小山朝政・畠山重忠・榛谷重朝・三浦義村・和田義盛らに襲わせ、比企一族はここに滅亡するのである。このときわずか六歳の一幡も殺されている。ちなみに『愚管抄』によると、一幡は乳母に抱かれていったん小御所を脱出するが、二か月後、藤馬《とうま》という義時の郎党に殺害されたとする。比企氏を滅ぼしても一幡が将軍になれば自分たちが危ない。義時が手を下しているあたりにも彼が主犯格であった事実が垣間《かいま》見える。

それではここで事件を再確認してみよう。まず隣の局に政子がいるかもしれないのに、頼家と能員が密談を交わすという状況が理解しがたい。これでは政子に密談の内容を聞かせるようなもの。推論でしかないが、義時と協力関係にあって比企一族の排除を願う政子が、嘘の密談話を時政に告げた疑いはあろう。『愚管抄』には、頼家は大江広元の邸で療病していたとある。そもそも密談の現場が御所でないのなら、そこに政子が立ち会う可能性はより低くなる。

時政は能員と妥協しながら政治を進めようとしていた矢先だったから、政子の告げ口に驚いた。だからこそ広元へ相談したわけだが、一時は信頼した能員だけに裏切られた思いが強くなる。ついには殺害を決意する。

一方、もしも能員が本当に時政を討とうとしていたら、薬師如来の供養とはいえ、簡単に時政の邸へ招かれるはずがない。能員にしたら時政を討つ考えなどは毛頭なく、比企と北条は協力しながら幕府を運営していけると踏んでいたからこそ、招きに応じたのだろう。すぐさま義時らが一幡の御所を襲い、比企一族を壊滅させているのも手回しがよすぎる。薬師如来の供養を口実にするというプランも、政子と義時が練った作戦ではなかったのだろうか。

ともあれ五日になって、舅の能員を殺されたと知った頼家は怒り、和田義盛と仁田忠常に密使を送り、時政追討を命じた。ところが義盛は将軍の使者を殺し、時政にその事実を告げた。後年、北条義時の排斥を狙って挙兵する義盛だが、このときにはまだ北条氏との連携を意図していたのだ。翻《ひるがえ》っていうと、頼家は鎌倉殿にふさわしくないと御家人らの目に映っていたのかもしれない。このとき頼家は精神を病んでいたともいわれる。ちなみに忠常も頼家の命を実行しなかったものの、義盛のように北条一族へ告げないでいるうちに時政の命で加藤景廉《かげかど》によって誅された。

こうして比企氏という後ろ盾を失くした頼家は、病状が回復したものの、政子によって出家を余儀なくされ、一二歳の弟実朝に将軍職を譲った。伊豆の修善寺で幽閉されていた頼家は翌元久元年（一二〇四）七月、北条氏の放った刺客によって殺害されたと伝わる。刺客は、頼家の入浴中を襲い、首にヒモをかけ、ふぐり（急所）を押えて殺害に及んだという。刺客に頼家殺害を命じたのは義時ではなかろうか。

北条氏と比企氏の抗争は、鎌倉殿暗殺へ発展したのである。

謎46 父時政を失脚させた「政子・義時」姉弟のクーデター

比企の乱の後も、時政が六六歳の高齢でありながら隠居の気配さえみせないことに、四二歳の働き盛りとなっていた義時は、フラストレーションがたまっていたことだろう。それは政子にとっても同じだったのではなかろうか。

乱後に時政が幼い将軍実朝の名を借りて御教書を発布するなどして幕府の政治を動かし、その背景には時政が寵愛する後妻牧の方の影がちらついている。こうして父と継母二人を警戒した政子と義時の姉弟は、それまで以上に強固なタッグを組み、確執が次第に顕著になっていった。そうして時政の失脚事件として決着する。

その導火線となったのは、時政と牧の方、婿の平賀朝雅が有力御家人の畠山重忠追討を企てたこと。

時政と牧の方の間の娘が源氏の一族である朝雅に嫁ぎ、彼はそのころ京都守護の職にあった。また時政と牧の方の一人息子である北条政範（時政の末子で彼が北条嫡流を継ぐ予定だった）も同じく京にいたが、元久元年（一二〇四）一一月五日に病死。そうして一人息子を失った牧の方は悲嘆にくれ、その分、娘婿である朝雅に期待するようになったようだ。

そして翌元久二年（一二〇五）六月、時政が畠山重忠を追討した。その追討事件は、朝雅が重忠の長男重保と京の酒宴の席で口論になったのが引き金になったという。しかしそれはあくまで引き金にすぎない。

武蔵国を本拠にしていた比企一族を排除した後、将軍実朝から武蔵の行政を委ねられた時政にとって、武蔵国留守所惣検校職《るすどころそうけんぎょうしき》として影響力のある畠山重忠は目障《めざわ》りな存在であった。頼朝挙兵のころ、武蔵の武士たちが参陣するのを待って頼朝が鎌倉入りしたことからもわかるとおり、関東にとって武蔵は重要な国。それは政子・義時の姉弟にとっても同じだった。のちに武蔵国は相模国とともに得宗家領として世襲される。比企の乱で武蔵に勢力を伸ばした時政だったが、その武蔵をめぐる争いは父と姉弟の対立にも影を落とす形になった。

ともあれ時政は畠山氏を排除しようとした。

まずは四月一一日、妻（時政の娘）の死後に出家して稲毛荘《いなげのしょう》（川崎市中原区・高津区付近）で隠遁《いんとん》していた稲毛重成《しげなり》が、時政の招きに応じて鎌倉入りした。そしてこんどはその重成の招きにより、畠山重保が鎌倉に入った。すると六月二一日になって時政は義時らに、畠山父子に謀叛の疑いがあるという話を持ちかけ、討つ意思を伝えた。重忠は時政の婿の一人であり、義時とは昵懇《じっこん》の仲だった。

義時は父の言葉を信じず、いったん席をたったが、牧の方の兄時親が屋敷まで追いかけてきて「牧の方が継母だから、そのようなことというのだろう」といわれ、重忠を討つための軍勢を率い、武蔵へ進発した（『吾妻鏡』）。結局、重忠は葬り去られ、鎌倉の重保も三浦義村に由比ヶ浜に誘い出されて討ち取られた。しかし義時は、畠山勢がわずか一〇〇騎あまりで、重忠自身にも戦意がなかったため、謀叛の疑いは冤罪《えんざい》そのものであると確信した。この畠山事件は稲毛重成の陰謀だとして彼と弟榛谷重朝《はんがやしげとも》が誅されたものの、黒幕が時政であるのは明らかだった。

こうして義時の父と継母への警戒心がマックスに達したといえる。

『吾妻鏡』には、牧の方が可愛い娘婿の朝雅から例の酒席での一件を聞かされ、最愛の一人息子（政範）を亡くして鬱々《うつうつ》とした日々を過ごしていたこともあって、畠山父子の誅殺を夫時政へ訴えたという旨、記載されている。これが事実なら、時政はまさに老いらくの恋に走ったといえる。しかし、繰り返しを恐れずにいうと、武蔵国を支配しようとする時政の野望が背景にあり、政治的事件というのが真相である。

ともかく政子や義時にとって、源氏一族である朝雅と牧の方は何としても排除しなければならない存在となった。ただし時政は、将軍実朝の乳母父でもあり、幼い将軍は時政の名越邸にいる。時政が将軍を擁している以上、政子・義時の姉弟も、時政はむろん、牧の方や朝雅には手出しができない。そこで風聞を利用した。牧の方が娘婿の朝雅を次の将軍につけるという内容の風聞だ。『吾妻鏡』にも、牧の方がその陰謀をめぐらせている旨、記載されている。

あくまで噂にすぎなかったが、その風聞を利用した姉弟は、元久二年（一二〇五）閏七月二九日、御家人の結城朝光・三浦義村らを時政の名越邸へ派遣し、将軍実朝の身柄を義時の邸へ移すことに成功した。時政も御家人を集めようとするが、逆に彼が招こうとした御家人は義時の邸に馳せ参じた。こうして時政は出家し、翌日、伊豆の北条の地へ身を引いた。牧の方も同じく出家して、伊豆へ送られている。さらに政子と義時は平賀朝雅追討の軍勢を京へ進発させ、同月二六日に朝雅を討ち取った。時政と朝雅が畠山重忠を葬り去ってほぼ二か月後の事件だった。

この事件は、牧の方と朝雅を取り除き、父時政を失脚させるために政子と義時の姉弟が仕組んだクーデターであったといえよう。

謎47

幕府開創後初！鎌倉市街戦「和田合戦」ドキュメント

建暦三年（一二一三）五月二日、囲碁の会を催していた北条義時のもとへ、火急の知らせが飛びこんできた。侍所別当の和田義盛が謀叛の兵を挙げるというのである。知らせてきたのは、義盛の本家筋にあたる三浦義村。彼は事前に義盛から秘事を告げられ、挙兵に加わると約諾していたにもかかわらず、裏切ったのだ。よって後に千葉胤綱《たねつな》（頼朝親衛隊メンバー千葉胤正の孫）に「三浦の犬は友をくらう」と痛烈に批判されることになる。

ところで知らせを受けた義時は『吾妻鏡』によると、驚くことなく静かにその座を立ち、烏帽子と装束をあらため、幕府つまりは三代将軍源実朝の大倉御所へ参じている。尼御台所（北条政子）と御台所（実朝の正室）を鶴岡八幡宮へ逃がすためだという。

一方、急襲の必要性を感じた義盛は申《さる》の刻（午後四時）ごろ、武蔵国からの援軍（親戚筋である横山時兼《よこやまときかね》の軍勢）を待たず、一五〇の手勢を三手に分け、大倉御所と小町の義時邸（いまの宝戒寺《ほうかいじ》）、大江広元邸を攻めさせた。『吾妻鏡』には和田勢に加わった御家人の名が列挙されている。和田一族のほか氏名だけ記載すると、土屋・渋谷・土肥・岡崎・梶原・大庭ら相模の御家人らが加わっていた。義盛は「相州（相模守義時のこと）のなすところ傍若無人」といっているから、このころ政所別当（執権職）として幕府の権力を掌握しつつあった義時の排斥が目的である。

鎌倉要図

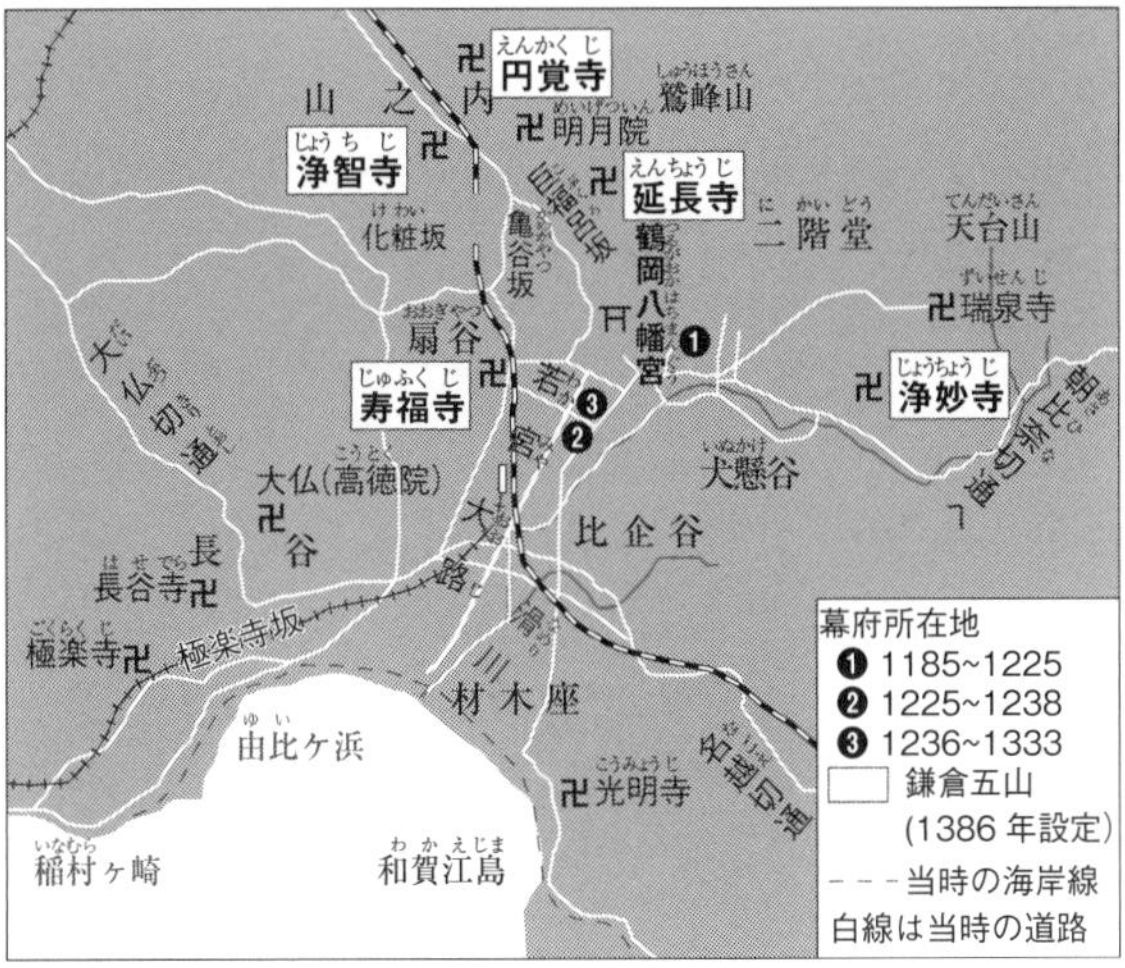

鎌倉は源頼義以来、源氏とのゆかりが深い地で、三方を小さな丘陵にかこまれ、南は海にのぞむ要害の地とされている。

侍所別当として反義時の御家人を糾合したわけだ。この幕府が開かれて初めての市街戦を「和田合戦」と呼ぶ。

義時邸では主が御所へ参内して留守の者しかおらず、広元邸では昼間の酒席の余韻《よいん》が残っていたこともあって、和田勢に蹂躙《じゅうりん》される。御所には義村の三浦勢も駆けつけるが、義盛の三男朝比奈義秀《あさひなよしひで》（母は木曽義仲の愛妾巴御前と伝わる）が御所の惣門《そうもん》をやぶって南庭へ乱入した。やがて御所は炎に包まれ、将軍実朝は法華堂へ避難した。

とくに義秀の奮戦はすさまじく、有力御家人の足利義氏《よしうじ》（母は義時の妹）も政所の建物の前橋で戦うが、執拗に迫る義秀を振り払って逃げるしかなかった。しかし日が暮れ、星が見える刻限ともなると、さしもの和田勢にも疲れがみえ、由比ケ浜へ兵を引き退きはじめた。深夜になって雨が降りはじめ、和田勢は進退に窮したが、翌三日の明け方、腰越方面から時兼らの横山党などが和田勢に合流し、軍勢は稲村ヶ崎方面まで満ち満ちて息を吹き返す。

そこで義時と広元は策をめぐらした。和田勢から転じた波多野朝定《ともさだ》に起草させた将軍実朝の御教書に両名の署名と花押《かおう》をつけ、その書を和田勢の御家人らに回覧させたのである。こうして和田勢から幕府方へ転じる者があらわれ、さらには夜のうちに幕府方が軍を再配備したこともあり、和田勢はふたたび劣勢となる。そして酉《とり》の刻（午後五時）ごろ、義盛最愛の四男義直が討ち死にし、義盛も悲嘆の内に江戸能範《よしのり》の郎党に討ち取られた。義盛、享年六七歳。宿敵義時の一六歳年長だった。

結局、鎌倉殿（実朝）の御教書という権威に頼らざるをえなかったところに執権義時の限界を感じる。同時に、もう少しで自身が滅ぼされていたという意味で人生最大の危難ともいえる。のちに「義時三度の難」のひとつに挙げられる大事件であった。もちろん、義時が窮地に陥ったことに変わりはないが、義盛はうまく義時に踊らされたという印象はぬぐえない。

じつは前年二月に前将軍（頼家）の遺児千手丸《せんじゅまる》を将軍に擁立する計画が発覚し、義盛の子息らがその計画に加わっているとして処罰の対象になった。子息らは義盛の功に免じ、罪に問われなかったものの、義盛の甥胤長《たねなが》はわざわざ和田一族らが揃う目の前で縄をかけられ、義盛の面目は丸潰れとなった。

義時のように国守の官位を欲した義盛が希望をいれられず、もともと義時への不満は鬱積《うっせき》していたが、これが挙兵の直接の引き金となった。義時が義盛を挑発して挙兵させたという通説どおりの解釈でいいだろう。

だとしたら、その後の展開も少し考えねばならない。『吾妻鏡』によると、和田合戦が勃発した五月二日当日、賓客と酒宴をあげていた大江広元は、義盛の近隣の邸に住む者から義盛邸に軍勢が集まっているという注進を受けて大倉御所へ参じる。前述したとおり、囲碁の会を催していた義時も三浦義村からの密告で和田方の動きを知る。義盛は、義時らが酒宴や囲碁の会で油断しているスキをつくため、横山党の到着を待たずに挙兵したと思われがちだが、義時はそんな脇の甘い男だろうか。義時が義村から密告を受けた際、あわてた様子をみせなかったのは事前に和田方の動きを予期していたからではないだろうか。つまり義時と広元は、囲碁の会と酒宴という演出によって故意に油断をみせ、横山党の参戦を前に義盛に挙兵させ、撃破する算段であったともいえる。

ただし、義時の誤算は、思った以上に和田勢が強く、窮地に陥ってしまったことではなかろうか。

謎48

鎌倉幕府史最大の謎 将軍「実朝暗殺」黒幕の名

鎌倉の鶴岡八幡は明治以前、神仏混交《しんぶつこんこう》によって鶴岡八幡宮寺と呼ばれた。その別当に公暁《こうきょう》という前将軍源頼家の忘れ形見がいた。当時、数えで二〇歳。その彼が建保七年（一二一九）正月二七日、八歳上の叔父にあたる三代将軍実朝を八幡宮寺の境内で殺害したのである。

公暁は社殿にいたる長い石段の銀杏の陰に身を潜《ひそ》ませていたというのが一般的だが、史料によって襲撃の場所は石段の上や下、社殿の中とまちまち。襲撃犯の人数も公暁単独、彼のほかに三、四人の僧がいたという史料もある。基本的な事柄も定まらず、謎多い事件でもある。

その最大の謎は将軍暗殺という大胆な犯行を公暁一人の考えで実行したのか、それとも黒幕がいたのかという点。もし黒幕がいたとしたら、それは誰なのかというのが読者の最大の関心事ではなかろうか。江戸時代、早くも黒幕の名が話題になり、儒学者の新井白石は北条義時の名を挙げている。本当に義時が公暁をそそのかして将軍を殺させたのか。まずは『吾妻鏡』に従い、事件のあらましをみていこう。

その日は、右大臣に任じられた実朝が拝賀の儀を八幡宮の社頭でおこなうべく午後六時ごろ

に大倉御所をでて、八時ごろ八幡宮の楼門前に到着する。当日は雪が二尺ほど降り積もってい
た。義時はこの日、御剣役《ぎょけんやく》についていた。実朝の御剣を捧げ持って供奉《ぐぶ》する役目だ。ところが
楼門のあたりで心身違乱、すなわち心身の不調を訴え、御剣役を源仲章《なかあきら》（宇多源氏の文章博士《もんじょうはかせ》）
に代わってもらう。義時はしばし休息の後、小町の自邸へ帰った。惨劇はその後、実朝が社殿
での拝賀の儀を終えた退去の際に起きる。石段の際で機をうかがっていた公暁が「父の敵っ！
――」と呼ばわり、実朝に斬りかかって首を刎《は》ねたのだ。

石段下の楼門あたりでひかえていた随兵らはすぐさま現場に駆けつけたが、すでに公暁は首
をもって逃走したあと。夜陰に乗じて追っ手をかわした公暁は後見人である阿闍梨《あじゃり》の邸に入り、
三浦義村へ使者をつかわし、「将軍につくため宜《よろ》しく取り計らってほしい」と伝えた。

しかし義村はこのことを義時に伝え、公暁誅殺を命じられる。こうして公暁は義村の邸へ向
かう途次、義村の手の者によって殺されるのだ。義時の代役となった源仲章も公暁によって首
を刎ねられているから、あわや義時も……という意味で「義時三度の難」の二回目の難に数え
られる事件だ。

しかし、その日になって急に心身の不調を訴え、御剣役を代わってもらった義時の行動がま
ず不審といわねばならない。公暁が「父の敵」といっていることからみると、父頼家から将軍
職を奪った形の実朝はむろんのこと、義時は修善寺で頼家を暗殺したホンボシといえるのだか

ら、御剣役の者を憎い親の敵だと思い、狙ったのだろう。

しかし公暁は暗がりのため、仲章を義時だと見誤ってしまう。このあたりが義時を黒幕とする最大の根拠だ。つまり義時は、実朝を討たせるために、うまく第三者を使い、「父の敵である実朝と義時を討って将軍になれ」と自分自身もターゲットにして公暁をそそのかす。かつ犯行ギリギリになって、事情のわからない者を替え玉役として使い捨てたというわけだ。

これが事実なら、権謀術数という言葉の範疇《はんちゅう》にはおさまらない。悪辣《あくらつ》かつ非道きわまりない企てだといえる。しかし、筆者はそう考えていない。

この事件を読み解くには『吾妻鏡』より信用できる『愚管抄《ぐかんしょう》』の内容に注目する必要がある。本稿でもなんどか用いた史料で、作者は天台僧の慈円《じえん》。『玉葉』の作者である九条兼実の弟だ。

この日、八幡宮寺での儀式には、公卿が五人参列していて事件のあらましを慈円に語ったとみられる。『吾妻鏡』は後世の編纂で、これまで述べてきたとおり、北条氏の息がかかり。伝聞とはいえ、『愚管抄』のほうが作為の必要のない公卿たちの見聞だから信用できる。『愚管抄』には『吾妻鏡』とはちがう記述がある。

まず惨劇は、実朝が石段を下りきったところで起きたことになる。殺害の状況も生々しく記載され、兜巾《ときん》で顔を覆った公暁は実朝がまとう下襲《したがさね》の尻の部分を踏みつけ、一太刀で実朝の首を斬り落としている。そして謎解きにとって重大な事実関係が記載されていたのである。

公暁が先駆けの仲章を義時と誤って殺害したところまでは同じだが、仲章は実朝の先駆けで炬火《たいまつ》をふりながら歩いていたところを襲われており、『吾妻鏡』が小町の邸に帰ったとした義時は御剣を奉じたまま石段上の中門にとどまっていたというのだ。

ここからは、義時が御剣役を仲章に交代した事実はうかがえず、御剣役であった義時が石段上にとどまり、仲章を先駆けとして実朝が石段を下りきったときの惨劇だった事実がみえてくる。

そうなると『吾妻鏡』とはだいぶ話がちがってくる。義時はその場にいたのだから、公暁が暗がりのために見間違えなければ、義時が犠牲になっていた可能性もあるのだ。義時が惨劇を予想して御剣役を交代させたという嫌疑はこれで晴れたといえる。

義時が石段の上にとどまっていた行為は怪しいといえば怪しいが、『愚管抄』には「(石段上の)中門に留まれとて留めてけり」とあり、義時は誰かに石段上で留まるよう命じられたことがわかる。義時に命じる者としては実朝のほかに考えられない。つまり、まさか公暁に襲撃されるとは思ってもみない実朝は油断して義時を待機させたことになり、義時にとっても不慮の事態だった事実がみえてくる。

ただし御剣役の義時からしたら、いかに実朝の命であったにせよ、自身が石段上に留まっている間に将軍を殺されたのは大失態である。北条びいきの『吾妻鏡』の編者がそのあたりを意識して、義時がその場にいなかったことにして責任を逃れさせるために御剣役の交代という虚偽の話に差し替えた疑いはあろう。だが皮肉なことに、そのことが後世の疑惑を招いてしまったのだ。

そもそも義時には、悪辣な陰謀をめぐらせてまで将軍を殺害する動機が希薄だ。将軍という御輿《みこし》があってこその執権であるからだ。ただ当時、義時は姉の政子と謀り、宮将軍を鎌倉に迎えようとしていた。皇族から将軍を迎えれば、その後見役である執権の格があがる。宮将軍を迎えるのだから、もはや源氏の将軍は不要……ということになろう。それでも動機としてはどうか。

宮将軍の話がでるのは実朝に子がなかったから。朝廷との交渉はうまくいっていたが、そののち後鳥羽上皇が宮将軍の誕生に反対し、実朝の死後、幕府は摂関家から将軍を迎えることになった。宮将軍の話は流れてしまったのだ。

義時は比企の乱や北条時政失脚事件で陰謀をめぐらせ、目的を遂行するには手段を選ばないという強い意志を感じさせる人物だ。ただそれは幕府を自分の思いどおりに動かしたいという強い衝動のためであって、陰謀をもてあそび、さほど必要とは思えない動機で暗殺を謀るタイプの人物ではない。

それではこの事件に黒幕はいなかったのであろうか。じつはもう一人、見逃せない人物がいる。三浦義村だ。彼は和田合戦で一族の和田義盛を裏切ってまで義時に従ってきた。しかも彼は大族三浦氏の惣領だ。もともと伊豆の小豪族だった北条の風下に立ちつづける現状に満足していたとはいい難い。

公暁が彼へ使者をつかわし、「将軍につくためよろしく取り計らってほしい」と伝えたことが義村黒幕説の大きな根拠だ。しかしながら公暁は結果として、義時を討ち漏らした。それを知った義村は、公暁を切り捨てたのではないか。こうして人に「三浦の犬」と謗《そし》られようが、あとはもう義時についていくしかなく、この二年後の承久の乱では弟を売ることになるのである。

謎49 承久の乱其の一 「討幕」が目的でなかった「後鳥羽上皇」の狙い

承久の乱を辞書でひもとくと、「後鳥羽上皇が鎌倉幕府打倒の兵を挙げ、幕府に鎮圧された事件」という記載をみかける。たしかに頼朝の死後、だいぶ年数がたって朝廷が幕府をみる目が変わったのは事実だ。

頼朝の死が朝廷に伝わった際、藤原定家は『明月記』に「朝家の大事、何事に過ぐるや」と書いた。内乱の終結からまだ一〇年という余韻くすぶる情勢が、内乱を終結させた頼朝の死に不安を覚えさせたのだ。

ところが頼朝の死から一四年ほどたち、和田合戦で幕府が混乱している情勢を知った定家は同じ『明月記』に「関東の勝事《しょうじ》（驚くべき出来事）出来《しゅったい》す」となかば幕府の混乱に期待している。内乱が終息すれば、関東に生まれた政権は朝廷にとって厄介な存在でしかない。

しかし、厳密にいうと承久の乱は「後鳥羽上皇が鎌倉幕府執権北条義時打倒の兵を挙げ、幕府に鎮圧された事件」。つまり義時がターゲットなのだ。したがって承久の乱が「義時三度の難」の最後の難となる。

まず建保七年（一二一九）正月、鎌倉の鶴岡八幡宮境内で三代将軍源実朝が甥の公暁に暗殺され、将軍不在となった。閏二月、幕府は後鳥羽上皇に親王を将軍とするためのうかがいを立てる。しかし後鳥羽上皇は「この日本国ふたつに分《わかつ》る事」になるといって反対した（『愚管抄』）。のちに皇統は南朝と北朝に分裂し、南北朝の争乱を招くが、上皇は、鎌倉に親王を下向させることによって幕府が親王を擁立して〝東朝〟を開き、京の朝廷と対立する事態を恐れたのだ。

上皇はその代わり、「摂政関白の子」、つまり藤原摂関家の子弟ならよかろう——そう考えていたという（『同』）。結果、九条道家の子である三寅《みとら》が鎌倉へ入り、のちに四代将軍九条頼経となる。こうして幕府、もっというと当時、鎌倉の武家政権を支配していた北条氏が親王を奉じてあらたな王朝を関東に樹立する野望を打ち崩した。

しかし摂関家血脈の関東下向を許し、それによって武家政権は、幕府という体制を維持することができた。すでに北条氏の支配によって形骸化していたとはいえ、「鎌倉殿」である将軍と御家人の主従関係が武家政権の根幹であり、上皇はその体制維持に協力したのだ。ここからみても、後鳥羽上皇が幕府そのものの打倒を意図していなかったことがわかる。

とはいえ、上皇は「よこしまに武芸をお好みになられた」（『承久記』）といわれるとおり、武術達者な者を全国から召し集めた（『同』）。それが「西面《さいめん》の武士」。かつて白河・鳥羽院の時代に、院の御所の「北面《ほくめん》」に警護の武者らを詰めさせていたが、平清盛の台頭によって弱体化した。

後鳥羽上皇は、その「北面の武士」を改編して武力基盤にしようとした。しかも「西面の武士」には、北条氏の専横に不満を抱く在京の御家人が参集した。後鳥羽上皇が院に直属する武力を基盤に朝廷権力の復興をめざし、あくまで北条義時の排斥を狙って挙兵したのである。

承久三年（一二二一）五月一四日に、その上皇が動いた。流鏑馬《やぶさめ》に名を借りて、諸国の守護や地頭に対して院宣と官宣旨を発したのだ。それによると、「義時が幼少の将軍の名を借りて天下を乱し、朝廷の権威をおろそかにしている」「したがって諸国の守護や地頭（武士）は院庁に参じよ」という内容になっている。

上皇が期待したのは、畿内の守護を兼ねる在京の御家人、さらには三浦一族であった。上皇は三浦義村の弟胤義《たねよし》を召し、胤義は「上皇の命令に従わぬ武士がこの国におりましょうや。兄の義村には、日本国総追捕使《にほんこくそうついぶし》に任じると仰せください。さすれば喜んで参じるでありましょう」（『承久記』）といって、鎌倉の兄へ密書をしたためた。

北条義時にとってこれほどの危機はない。幕府に従うべき御家人の一部が上皇方となり、盟友の弟が上皇方に参じたのである。しかも宮方は「義時が幼少の将軍の名を借りて」と北条一族にとって、じつに痛いところを的確についている。義時は執権の職にあるとはいえ、鎌倉殿の配下として、本来は他の後家人と対等の立場であるにすぎないからだ。ここで対応を誤ると、北条一族による支配体制が崩壊しかねない。

一九日に京からの急使で義時追討令が発せられたことを知った北条一族は鎌倉中を探索して、院からの密書を携えた使者を捕えた。また三浦義村も弟からの決起をうながす使者を追い返し、その事実を義時に知らせる。こうして北条一族は政子の邸に集まり、政子は召集した御家人らを前に大演説をぶつ。これが史上有名な政子の「最後の詞」。その内容は第二章（108ページ）で述べたので詳細を省くが、上皇方の「義時が幼少の将軍の名を借りて」という批判を見事、逆転させる名演説であった。

大江広元ら幕府首脳が義時邸に集まって評定ののち、この名演説を聞いた御家人らの興奮が覚めやらぬ二二日の早暁、義時の嫡男泰時がわずか一八騎を率いて先発するや、弟を義時に売ってまで忠誠を誓った三浦義村や足利義氏ら有力武将があとにつづいた。その勢、一九万と伝わる。

こうして京をめざす幕府軍と迎え撃つ上皇軍は、北陸道・東山道・東海道の要所で激突するのである。

謎50

承久の乱其の二 乱後に襲った「重大事件」と鎌倉幕府

承久三年(一二二一)五月二二日から二五日にかけて、御家人らは先発した北条泰時のあとを追うように北陸道・東山道・東海道を京へ向けて進軍した。一九万という数は誇張としても、幕府軍はかなりの大軍を擁していたはずだ。

一方、上皇方は挙兵と同時に幕府の京都守護伊賀光季《みつすえ》を討ったが、関東の御家人らへ決起をうながす使者が幕府方に捕まって思うように兵が集まらなかった。それが最大の敗因となる。その間、幕府に兵を召集する時間を与えてしまったのだ。

上皇軍は上洛する幕府軍に対し、三道へ軍勢を派遣してその進軍を阻もうとした。三浦胤義らに東海道・東山道の要所である木曽川の防御ラインを固めさせたが、六月五日と翌日、幕府軍の威容に恐れをなした上皇軍は逃走する。一部の軍勢が第二の防御ラインである関ヶ原近くの杭瀬川《くいせがわ》に踏みとどまったものの、守り切れなかった。上皇方は一二日、軍を再編し、京を守る最後の防衛ラインである瀬田(大津市)と宇治を固めた。こうして瀬田と宇治で最後の激戦が繰り広げられたが、幕府軍がうちやぶり、六月一五日、京へ入った。こうして承久の乱は幕府の大勝利に終わる。

ちなみに幕府軍の大将である泰時と副将の時房《ときふさ》（義時の弟）はそのまま京に残って市中の警固にあたり、彼らの役目はやがて六波羅探題《ろくはらたんだい》として組織化される。この探題は執権に次ぐ重要な役職となって北条一族から任命され、尾張より西の御家人を統括することになった。

この事件をもって鎌倉幕府の政権基盤が確立したといわれる。頼朝が内乱を終結させて幕府を開創した際には、朝廷への配慮を欠くことはできなかった。しかし幕府は朝廷を代表する「治天《ちてん》の君《きみ》」である後鳥羽上皇軍と戦い、それをやぶった。こうして、ある悲劇と重大事件が起きる。

悲劇の主役は仲恭《ちゅうきょう》天皇。『類聚大補任《るいじゅうだいぶにん》』に「天下を治めること七十七日」と記され、天皇在世の最短記録を歴史に残すことになった。天皇は建保六年（一二一八）一〇月一〇日に生まれてすぐ乳飲み子のまま皇太子となり、承久の乱の年に父順徳天皇が二五歳で退位したことから、わずか四歳で即位する。ちなみに順徳天皇が退位して上皇となったことから、異母兄の土御門《つちみかど》上皇、父の後鳥羽上皇とあわせ、上皇が三人になった。四歳の天皇や三人の上皇という異例ずくめの事態は、すべて後鳥羽上皇が北条義時の排斥を企んで挙兵を準備したことによる。

順徳天皇としては父の企てに応じ、上皇という身軽な身分になって鎌倉の北条政権を打倒しようとしたのである。だから、後鳥羽上皇が挙兵する少し前に幼い皇太子へ譲位したのだ。それだけ天皇の位というのが重い証し。のちに後醍醐《ごだいご》天皇は天皇のまま挙兵するが、それこそ異例中の異例であった。

しかし、承久の乱で幕府軍が京へ入ってほぼ一か月後の七月九日、即位したばかりの仲恭天皇が突如、退位した。その理由が『類聚大補任』に書かれている。それは「東国武士沙汰」。東国武士というのは鎌倉幕府のこと。つまり執権義時の沙汰（通知）、もっというと命令で仲恭天皇はわずか七七日間で廃位させられたのである。その後、幕府は僧籍にあった茂仁《もちひと》親王を迎え、後堀河天皇として即位させた。

鎌倉幕府は重いはずの天皇の廃立を「沙汰する」と通知しただけで断行した。幕府、すなわち北条政権は、承久の乱の結果、天皇を廃位し、かつ擁立する権力をえたのだ。父時政の時代に公卿から「北条丸」とさげすまれた一族がわずか四〇年足らずでそれだけの権力をえた象徴として、この仲恭天皇の廃位は重大事件として記憶しておきたい。

さらに北条政権は乱後、これまで地頭がほとんどいなかった地域にあらたな地頭を置いた（新補《しんぽ》地頭）。そもそも地頭職は、平氏の没官領（没収した平氏一族の所領）と謀叛人らの所領に対して頼朝に与えられた補任《ぶにん》権だった。ところが承久の乱で上皇方に加担した武士たちはみな、謀叛人となり、宮方の所領三〇〇〇か所あまりが没収された。承久の乱の勝利で幕府は大きな経済的権限も手に入れたのだ。

ところで順徳上皇は上皇軍が幕府軍に敗れたという報に接し、よほどあわてたのであろう。まだ四歳の仲恭天皇を里内裏から生母の実家である九条邸へ逃がしたものの、里内裏には三種の神器が置き去りにされてしまった。よって仲恭天皇は一人前の天皇とは認められず、「九条廃帝」と呼ばれる。

事実、仲恭天皇はあまりに急な即位であったがために、正式な即位の礼や大嘗祭《だいじょうさい》をおこなわないまま幕府によって廃位させられている。この悲運な廃帝は維新後、明治天皇によって仲恭という名が贈られた。

その仲恭天皇は天福《てんぷく》二年（一二三四）五月二〇日、一七歳の若さで崩御する。『百錬抄《ひゃくれんしょう》』には「廃帝崩御」の理由として、祖父後鳥羽上皇が隠岐に、父順徳上皇が佐渡に配流されたため、「ご心労のほかに（若くして崩御された）理由は見当たらない」としている。

また順徳上皇は佐渡で息子の死を知り、「こんなことがあっていいのだろうか」といって嘆いたと伝わっている。幕府の権力確立と引き換えに誕生した悲劇であった。

※文中で紹介した歴史学者の肩書は発行時のもの。

参考文献

※本文中で紹介した文献も含む。

【書籍】（順不同）

今谷明著『封建制の文明史観』（PHP新書）／上杉和彦著「源平の争乱」（吉川弘文館）／川合康著「源平の内乱と公武政権」（同）／元木泰雄著「治承・寿永の内乱と平氏」（同）／同著「源頼朝」（中公新書）／永井晋著「源頼政と木曽義仲」（同）／同著『源頼政と木曽義仲』（中公新書）／同著『鎌倉幕府の転換点』（吉川弘文館）／細川涼一著『平家物語の女たち』（吉川弘文館）／河内祥輔・新田一郎著『天皇と中世の武家』（講談社学術文庫）／細川重男著『執権』（講談社学術文庫）／安田元久著『北条義時』（吉川弘文館）／岡田清一著『北条義時』（ミネルヴァ書院）／小野眞一著『伊豆武将物語』（明文出版社）／桑田忠親著『新編日本武将列伝1』（秋田書店）／『鴻巣市史』／『大分県史（中世編）』／『新横須賀市史　通史編　自然・原始・古代・中世』／笹山晴生・佐藤信・五味文彦・高埜利彦著『詳説日本史B』（山川出版社）

【雑誌】（順不同）

片山亨著「源平水島合戦と日蝕」（『岡山経済』一七六号）／野口実著「坂東平氏と『平家物語』」（『軍記と語り物』三八号所収）／多賀宗隼著「安達盛長―頼朝挙兵以前の動静をめぐる―」（『日本歴史』四三〇号）／福田豊彦著「夢を見た青侍　頼朝の吏僚・中原親能」（『歴史読本』七一一号）／駒敏郎著「二人の側近官僚　大江広元・三善康信」（『歴史と旅』六七号）／毛利一憲著「鎌倉幕府執権の職制について」（『北見大学論集』九号）／大嶽真康著「北条時政考」（『鎌倉女子大学紀要』二五号）／亀田帛子著「『吾妻鏡と中世文学』（『津田塾大学紀要』一三号・一四（一）号）／山本みなみ著「北条義時の死と前後の政情」（『鎌倉市教育委員会文化財部調査研究紀要』第二号）／八田徳治「八田知家は源義朝の実子なのか？」（『歴史研究』四〇〇号）

[略歴]

跡部蛮（あとべ・ばん）

歴史研究家・博士（文学）

1960年大阪市生まれ。立命館大学卒。佛教大学大学院文学研究科（日本史学専攻）博士後期課程修了。出版社勤務などを経てフリーの著述業に入る。古代から鎌倉・戦国・江戸・幕末維新に至る日本史全般でさまざまな新説を発表している。主な著書に『信長を殺した男　明智光秀の真実』『超真説　世界史から解読する日本史の謎』『戦国武将の収支決算書』『幕末維新おもしろミステリー50』（いずれもビジネス社）、『「道」で謎解き合戦秘史 信長・秀吉・家康の天下取り』『秀吉ではなく家康を「天下人」にした黒田官兵衛』『古地図で謎解き　江戸東京「まち」の歴史』『信長は光秀に「本能寺で家康を討て！」と命じていた』（いずれも双葉社）ほか多数。

鎌倉幕府の謎

2021年8月1日　　　第1刷発行

著　者　跡部 蛮

発行者　唐津 隆

発行所　株式会社ビジネス社

〒162-0805　東京都新宿区矢来町114番地 神楽坂高橋ビル5F

電話　03(5227)1602　FAX　03(5227)1603

http://www.business-sha.co.jp

〈装幀〉中村聡

〈本文組版〉茂呂田剛（M&K）

〈印刷・製本〉中央精版印刷株式会社

〈営業担当〉山口健志

〈編集担当〉本田朋子

ISBN978-4-8284-2305-0

跡部蛮の本

戦国武将の収支決算書
信長は本当に革命児だったのか

織田信長は実は経済オンチだった!?

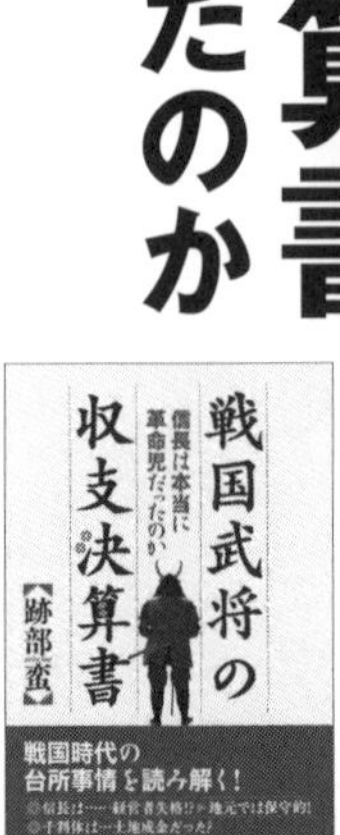

定価　1100円(税込)
ISBN978-4-8284-1808-7

【超真説】世界史から解読する日本史の謎

教科書には書かれていない日本史最大のミステリーに挑む!

古代から近代まで世界は連鎖していた!!

定価　1760円(税込)
ISBN978-4-8284-2077-6

信長を殺した男
明智光秀の真実

武田信玄の行動に「本能寺」の真相があった!

驚天動地の大事件を50の謎で解明する

定価　1100円(税込)
ISBN978-4-8284-2100-1